U0020603

全彩圖解

功能性訓練解剖全書

FUNCTIONAL
TRAINING ANATOMY

從人體的構造、動態運作與功能出發，
精準打造完整活動度、運動控制力、爆發力與全身肌力

KEVIN CARR
凱文·卡爾

MARY KATE FEIT, PHD
瑪麗·凱特·菲特博士

———— 著 ————

MICHAEL BOYLE
麥克·波羅伊

———— 專文推薦 ————

劉玉婷——譯

生活風格 FJ1074

全彩圖解‧功能性訓練解剖全書

從人體的構造、動態運作與功能出發，精準打造完整活動度、運動控制力、爆發力與全身肌力

Functional Training Anatomy

原 著 作 者　凱文‧卡爾（Kevin Carr）、瑪麗‧凱特‧菲特博士（Mary Kate Feit, PhD）
譯　　　　者　劉玉婷
責 任 編 輯　謝至平
行 銷 業 務　陳彩玉、陳紫晴、林佩瑜、葉晉源
封 面 設 計　兒日設計

編 輯 總 監　劉麗真
發　行　人　涂玉雲
出　　　版　臉譜出版
　　　　　　城邦文化事業股份有限公司
　　　　　　台北市民生東路二段141號5樓
　　　　　　電話：886-2-25007696 傳真：886-2-25001952
發　　　行　英屬蓋曼群島商家庭傳媒股份有限公司城邦分公司
　　　　　　台北市中山區民生東路141號11樓
　　　　　　客服專線：02-25007718；25007719
　　　　　　24小時傳真專線：02-25001990；25001991
　　　　　　服務時間：週一至週五上午09:30-12:00；下午13:30-17:00
　　　　　　劃撥帳號：19863813　戶名：書虫股份有限公司
　　　　　　讀者服務信箱：service@readingclub.com.tw
　　　　　　城邦網址：http://www.cite.com.tw
香港發行所　城邦（香港）出版集團有限公司
　　　　　　香港灣仔駱克道193號東超商業中心1樓
　　　　　　電話：852-25086231　傳真：852-25789337
新馬發行所　城邦（新、馬）出版集團
　　　　　　Cite（M）Sdn. Bhd.（458372U）
　　　　　　41-3, Jalan Radin Anum, Bandar Baru Sri Petaling,
　　　　　　57000 Kuala Lumpur, Malaysia.
　　　　　　電話：603-90563833　傳真：603-90576622
　　　　　　電子信箱：services@cite.my

一版一刷　2022年9月
ISBN 978-626-315-175-8
售價：599元

城邦讀書花園
www.cite.com.tw

國家圖書館出版品預行編目資料

功能性訓練解剖全書／凱文‧卡爾（Kevin
Carr），瑪麗‧凱特‧菲特（Mary Kate Feit）
著；劉玉婷譯. -- 一版. -- 臺北市：臉譜出版：英
屬蓋曼群島商家庭傳媒股份有限公司城邦分公
司發行, 2022.09
　　面；公分. --（生活風格；FJ1074）
譯自：Functional training anatomy
ISBN 978-626-315-175-8（平裝）

1. CST: 運動訓練　2. CST: 體能訓練

528.923　　　　　　　　　　　　111011313

目次 CONTENTS

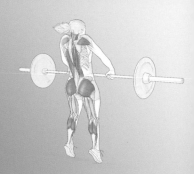

推薦序
FOREWORD

聘僱凱文·卡爾或許是MBSC（麥克波羅伊肌力與體能訓練中心）最棒的決定，但不是我下這個決定的。那時是2010年的夏天，凱文·卡爾是來自麻省大學的年輕實習生。我們當時的總教練妮可·羅德里克斯（Nicole Rodriquez）和我滔滔不絕地談論凱文，並希望明年夏天能讓他以員工身分回來工作。我唯一的回應是「他感覺有點沉默。」

老實說，在第一個夏天我不覺得自己有注意到他，但妮可不停地誇獎他，告訴我「他會越來越好的。」我一向相信自己的員工。他們才是真正進行聘僱工作的人，因為當我不在時，他們知道每一個人的工作狀況。（提醒一下：這點真的很重要。）

十年過去了，我可以肯定地說，讓凱文·卡爾在另一個夏日回來工作，是我職涯中最棒的事，雖然這個決定不是我做的。凱文現在是我們商業上的夥伴，也是功能性肌力教練認證的推手。他是我們事業關鍵的一份子，更是MBSC未來不可或缺的一員。

我認為對凱文·卡爾的最佳描述是**學習專家**。他完美實踐了「一天比一天進步」這種陳詞濫調。凱文在教練身分、作家身分、演說家身分與商人身分上不斷地精進。

我能給他人最高的讚賞就是「他**明白了**」。凱文明白了。人們可能會問明白「**什麼**」呢？我不確定自己能否清楚描述，但我看到時，我知道這種感覺。凱文明白關於人們、時間、精力、正直和樂趣的那些事。

他能掌握絕佳的平衡，聰明但不是個書呆子，體態結實勻稱卻不自戀，風趣又不討人厭。事實是，凱文·卡爾會讓老闆說：「我希望公司裡有十個這樣的員工。」如果

你有經營過事業，就會知道我說的是哪種人。他們會讓你的生活變輕鬆，不用開口要求，就會主動完成大小事。他們是你希望其他員工們學習的典範。

　　喔，對，然後他寫了這本書！相信我：凱文對這本書付出的程度，如同他對其他事物付出的程度一樣深入。花點時間研究閱讀。十年後，人們還是會打開這本書並繼續討論凱文・卡爾，但到時每個人都會知道他的名字。讀下去──相信我。

麥克・波羅伊（Michael Boyle）
麥克波羅伊肌力與體能訓練中心創辦人

前言
PREFACE

　　從我開始在麥克波羅伊肌力與體能訓練中心的教練生涯起，就把提升大眾對「功能性訓練」的理解當作使命。簡單來說，功能性訓練就是有目的的訓練。它設計來支持人體回應每日的需求，無論是日常的活動或高壓環境的運動競賽。

　　想了解功能性訓練，你必須先了解功能性解剖學。確實掌握人體結構是如何運作的，對於建立完整的功能性訓練課表相當重要。躺在平台上的屍體提供的解剖學知識，不能真實反應人用雙腳移動時，身體是怎麼運作的。學習解剖結構時，背景情境很重要，因為它直接和實際應用相關聯。

　　許多傳統的肌力訓練方法是依據「屍體解剖學」，受到運動肌肉「起止點」結構的影響，過分強調單一關節和機械為主的訓練。而健美和舉重影響的訓練方法，讓許多運動員走錯路，在訓練時只追求肌肉尺寸或力量大小，卻沒有考慮它會如何轉換成運動表現。反之，功能性訓練是根據活生生會移動的身體構造來設計，強調多平面與單邊訓練，目標是提升功能且將之轉換成運動表現。

　　本書目標是提供有效率且高效的訓練方式，並提供功能與解剖上的導引。我們希望運動員、教練和健身熱愛者能閱讀此書，並因此更加了解如何為自己或他人規畫功能性訓練課表。接下來各章節會以圖示方式，進一步解釋解剖構造的功能。各項訓練搭配的解剖插圖，會以色彩標示主要與次要參與的肌肉以及結締組織。

主要參與肌肉　　　　次要參與肌肉

　　從第二章到第八章，每一項訓練的側欄都有三個小圖標，代表了三個運動平面——額狀面、水平面、矢狀面。該項訓練是在哪些運動平面進行，它所對應的圖標就會特別被標示出來。

　　本書包含了完整功能性訓練課表的所有面向。我們從活動度訓練的重要性開始，討論它對動作品質、運動表現以及降低傷害的影響。接下來，我們使用動作準備訓練來提升動作效率，並進行熱身為高強度活動作準備。在第四章，我們討論如何規畫執行增強式訓練與藥球訓練，來訓練運動員產生力量也吸收力量。在第五章，我們使用奧林匹克舉重和壺鈴擺盪來處理重爆發力訓練。在本書肌力訓練的部分，我們會討論組成完整訓練課表的所有動作，包含髖主導、膝主導、推、拉，以及核心訓練。在最後一章節，我們會示範如何將所有部分組合起來，建構一個完整的功能性訓練課表，以達到降低傷害與增進表現的目標。

致謝
ACKNOWLEDGMENTS

感謝雙親自幼灌輸的觀念，讓我終生熱愛體育活動與訓練。我愛你們。

感謝麥克・波羅伊、鮑伯・韓森（Bob Hanson），以及所有在麥克波羅伊肌力與體能訓練中心一起共事過的夥伴。你們的指導與友誼，成就了今日的我。

——凱文・卡爾

感謝凱文邀請我參與這個計畫。很高興在十數年後，我仍是麥克波羅伊肌力與體能訓練中心這個大家庭的一份子。

還要感謝我的家人。亞當（Adam）、柯迪（Cody）與梅西（Macy），你們是我堅強的後盾。沒有你們，我無法完成這些工作！

——瑪麗・凱特・菲特

第1章

運動中的功能性訓練
FUNCTIONAL TRAINING IN MOTION

　　為了準備方向正確，以期在運動中有傑出的表現，你需要用心規畫訓練課表，其內容要考慮人體的最佳功能。功能性訓練的概念是根據身體的解剖構造與功能，有目的地選擇正確的訓練方式，目標是讓身體擁有最佳健康狀態與運動表現。

　　無論你是精英運動員或一般民眾，課表規畫與訓練方法應該反映人體的功能，且能回應日常生活和運動場上的需求。功能性訓練課表應該確保你有足夠的關節活動度、動作品質、肌力、爆發力與心肺功能，來滿足運動與日常生活的需求。

　　對運動員族群來說，功能性訓練應該保護運動員，並增進他們專項運動方面的表現。有許多相似的機制，不但可以增進運動員的表現，同時能降低他們受傷的風險：提高關節活動度能幫助運動員避免拉傷或是撞擊傷害，同時能夠幫助他們進到需要的關節位置，精進運動場上的表現；能朝各種方向反應性地奔跑、跳躍與投擲的能力，能提高運動員在場上的爆發力，同時能訓練他們有效地吸收外力，避免因減速而造成受傷；發展全身多平面的肌力，能讓運動員安全地吸收衝擊，還能讓他們在進行一些競技動作，像是跑步、跳躍與投擲時產生力量。

　　對一般民眾來說，功能性訓練應該會提高他們在日常生活與職業上使用身體功能的能力，是改善人們整體心肺功能、新陳代謝與神經系統健康的一種方法。訓練應該要提高人們在執行日常事務的體力與警覺性，並加強他們安全參與娛樂活動的能力。

　　功能性訓練，就定義來說，是一種訓練干預，能幫助受訓者無論在日常生活或競賽上，能把身體功能發揮得更好。我們不該將「功能性訓練」歸類為某種特殊的訓練

類型，而是一種聰明、有目的性的訓練方法，旨在恢復動作品質，提高運動表現，並降低可能的受傷風險。

功能性訓練是全面性的訓練

　　完整的功能性訓練課表，不應該只著重於發展單一能力，而要同時致力發展動作品質、肌力、爆發力與心血管健康。運動環境的需求多變，而人的身體能力是相互關聯的，如果一個人希望在運動場上與日常生活中保持健康並持續活躍，他所需要的不會僅有單一能力而已。強壯但活動度很差的運動員，會面臨肌肉拉傷和關節損傷的風險；活動度好但肌力不足的運動員，可能會被對手壓制卻沒有足夠的力量反擊；力氣很大但心肺能力不佳的運動員，他的力量無法持續，容易提早出現疲態。

　　一個全方位的功能性訓練課表，應該涵括下列幾點：

● 活動度訓練，以優化組織延展性與關節健康。
● 動作準備訓練，提升動作品質與效率。
● 單邊、雙邊與多方向的爆發力訓練，培養減速技巧與發展爆發力。
● 全身肌力訓練，包含膝主導、髖主導、推、拉與核心強化動作模式，並挑戰身體在多個運動平面的肌力與穩定度。
● 發展能量系統，處理運動時特定的代謝需求。

　　這本書提供一個框架，協助你根據解剖構造與人體功能，選擇最合適的方法進行訓練。它將幫助你了解為何要選擇這些訓練，以及一些基本概念引導你選擇特定訓練來提升表現並減少傷害。

人體的運動平面

　　一個規畫完善的功能性訓練課表應該發展以下三個運動平面的關節活動度、動作控制、肌力與爆發力，來滿足運動環境的多變需求。

　　我們使用三個運動平面來分類人體的動作：矢狀面（sagittal plane）、額狀面（frontal plane）與水平面（transverse plane）（圖1.1）。**矢狀面**將身體分為左右兩半，在矢狀面上完成的動作，身體的關節主要是前後運動，在其他平面上則幾乎沒有運動；**額狀面**將身體分為前後兩半，在額狀面上完成的動作，關節主要的運動方式是左右移動；**水平面**將身體分成上下兩半，在水平面上完成的動作是以旋轉的方式。

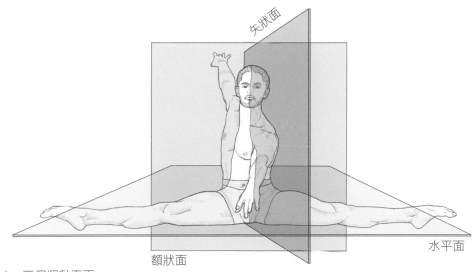

圖 1.1　三個運動平面

　　這本書裡的訓練項目，能發展所有平面的活動度、運動控制、肌力與爆發力，以確保運動員均衡發展。

　　在討論動作的運動平面時，有件事情很重要：務必區分清楚**整體平面動作**（global planar movement）與**局部平面力**（local planar forces）。整體平面動作描述在訓練當時，視覺上主要動作發生的位置，通常是由運動的主動肌或主要工作的肌肉控制；局

部平面力則是描述要成功完成一項運動時，個別的穩定動作發生的位置，通常由協同肌或穩定肌肉組織控制。

在做深蹲或硬舉這類雙邊訓練動作時，主要的運動發生在矢狀面，對額狀面與水平面來說，沒什麼穩定度挑戰。雙邊深蹲具有平衡特性，因此髖部與骨盆在額狀面與水平面的穩定肌肉群不用運作，就能保持最佳對準狀態。

但在單邊訓練中，你的動作是由一隻手臂或一條腳完成的，即使大部分的關節運動是發生在矢狀面上，身體也必須在額狀面與水平面上保持平衡。

我們以單腳硬舉為例（圖1.2）。雖然髖部與膝蓋主要是在矢狀面運動，但單邊訓練的不對稱特性，迫使脊椎、骨盆、股骨、脛骨與腳掌的動態穩定肌肉群要控制關節處於適當位置，來保持平衡與姿勢。

圖 1.2　在單腳硬舉的過程中，臀中肌、內收肌和腹斜肌必須努力維持骨盆與股骨在額狀面與水平面的平衡，而膕旁肌、臀大肌和豎脊肌則是在矢狀面上主要活動的肌肉。

為功能性訓練課表選擇訓練項目時，務必將局部平面力加入課表，以確保能夠發展控制動態姿勢的穩定肌肉組織。多平面穩定度的發展，對於運動場上的表現與降低受傷風險都非常重要。

功能性訓練需要功能性解剖學

我們的身體已經進化至發展出多個相互連結的系統，讓人們在日常生活中動作能夠連續不間斷。一個運動員能夠奔跑、跳躍與投擲，是因為骨骼、肌肉、肌腱和筋絡在身體中建立起的集合網絡，讓他能夠彎曲、伸展與旋轉，產生力量以及和諧的單一動作。

儘管在傳統教學上，肌力訓練與解剖學是獨立不相關的，但單一肌肉的功能與單一關節的運動，無法精準反映真實生活中的活動。身體裡沒有任何東西是獨立運作的。人體的功能像是相互連結的單位，所有的部位相互依賴，不斷地調整功能來執行任務。在規畫訓練課表時，不僅要考慮身體的解剖構造，也要考慮這個解剖構造在特定的運動環境下，如何與其他部位整合發揮功用。

想一下跑步時膕旁肌的功用。傳統上我們學到的是股二頭肌、半膜肌與半腱肌主要負責膝屈曲的工作，如果是在一個獨立的環境中，像是腿部彎舉機，那確實是如此。

不過，如果是用雙腳站立、跑步或走路，膕旁肌的功能就與上述大不相同了。做為橫跨臀部與膝蓋的雙關節肌肉群，膕旁肌在步態週期中必須和斜肌還有臀肌一起實行許多動作。（圖 1.3）

膕旁肌會以下列幾種方式發揮功用：

● 在起跑階段，當作向心收縮的髖伸肌來輔助臀肌。
● 做為骨盆的等長穩定肌群，幫助腹斜肌維持骨盆後傾。
● 前擺結束時，當作離心收縮的膝關節伸展肌肉。

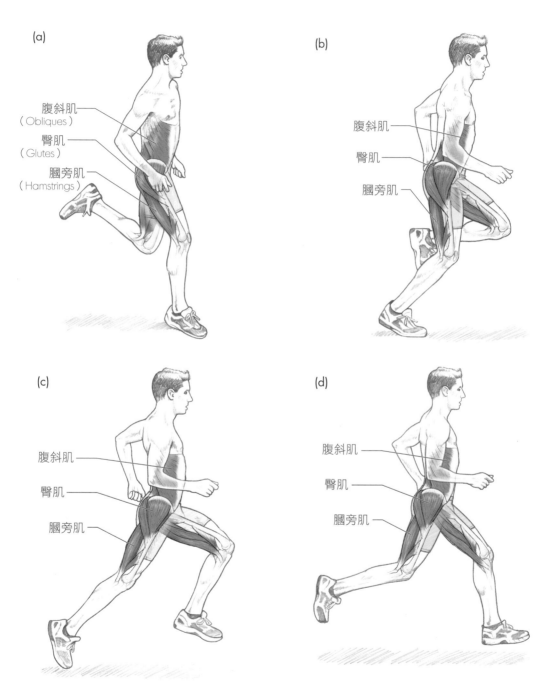

(a)

腹斜肌
（Obliques）

臀肌
（Glutes）

膕旁肌
（Hamstrings）

(b)

腹斜肌

臀肌

膕旁肌

(c)

腹斜肌

臀肌

膕旁肌

(d)

腹斜肌

臀肌

膕旁肌

圖 1.3　跑步的步態週期中，膕旁肌、臀肌與腹斜肌在各階段的功用：(a) 初接觸、(b) 站立階段、(c)
　　　　離地與 (d) 向前擺動階段。

　　了解和運動相關的功能性解剖學，能幫助你選擇合適的訓練動作來提升表現並降低傷害。在跑步這個例子中，你要選擇的動作應該是讓膕旁肌能伸展髖部，穩定骨盆，並且離心收縮的膝關節伸展，而非向心收縮的膝屈曲。比起傳統機械式的膕旁肌彎曲，單腳硬舉和仰臥滑盤勾腿是更好的選擇。

傳統訓練 vs. 功能性訓練

　　傳統課表深受健美與舉重的影響，非常重視雙邊與機械式的肌力訓練。雖然高腳杯式深蹲和六角槓硬舉（皆在本書第七章）這些雙邊動作都很棒，應該放入功能性訓練課表中，但你更應該優先發展單邊的肌力，因為它比較能夠代表身體在日常生活與體育活動中移動的方式。

　　機械式的訓練通常著重於孤立的動作，不會要求身體創造穩定度，因此無法反映真實生活中運動的壓力來源。雖然這個訓練方式對於針對性的肌肥大很有幫助，但在設計功能性訓練課表時應該避免。

　　傳統的雙邊舉重，像是深蹲、臥推與硬舉，對發展基本的矢狀面肌力與穩定度是很好的工具。但在你的程度到達入門等級後，就應該使用完整的功能性訓練課表，從深受健美與舉重影響的經典舉重，進階至單邊訓練動作，來挑戰額狀面與水平面的穩定度。

前斜肌與後斜肌系統

　　人體已經演化成以單邊運作。神經學上來說，人天生就以對側模式行走、跑步、跳躍與爬行。因此，肌肉、肌腱與肌膜的構造設計已演化成能支持人體單邊功能。

　　身體是一個複雜的發力與穩定系統，稱為**前斜肌系統與後斜肌系統**（anterior and posterior oblique system）（圖1.4），由貫穿全身的肌肉與筋脈連續體組成，讓我們以驚人的能力奔跑、跳躍與丟擲，且可塑性十足。

　　前斜肌與後斜肌系統的發現，說明了力量是如何在額狀面與水平面上透過身體傳遞，進而在運動中產生力量與穩定度。

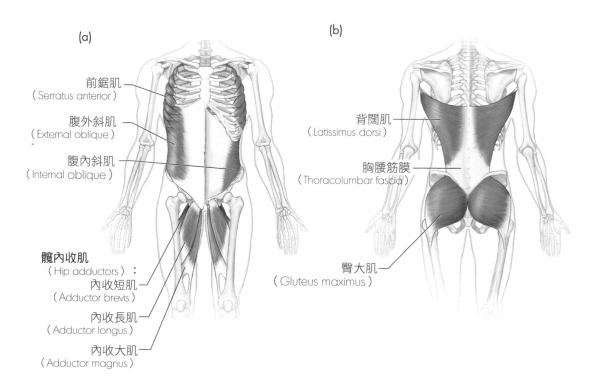

(a)

前鋸肌
（Serratus anterior）

腹外斜肌
（External oblique）

腹內斜肌
（Internal oblique）

髖內收肌
（Hip adductors）：
內收短肌
（Adductor brevis）
內收長肌
（Adductor longus）
內收大肌
（Adductor magnus）

(b)

背闊肌
（Latissimus dorsi）

胸腰筋膜
（Thoracolumbar fascia）

臀大肌
（Gluteus maximus）

圖 1.4　(a) 前斜肌與 (b) 後斜肌系統

　　跟著身體的螺旋線（圖1.5），可以清楚看到由身體一側所產生的力，如何經由相互連結的肌肉、肌腱與骨骼傳遞至身體另一側。

　　構成前斜肌與後斜肌系統的螺旋系統的肌肉與筋膜，讓你能夠做出強力、有效率且協調的動作，像是投球、揮桿、跳躍至空中、揮拍，或是抵抗對手的進攻。即使在一般日常生活中，伸手進櫥櫃拿東西、跨過物品或是從椅子上起身，也要依賴相互連結的肌肉系統。

　　我們建議以單邊訓練動作優先，對身體的對側設計來說，這是最有效率的訓練方式。圖1.6可以看到，身體在單腳蹲時，非常需要前斜肌與後斜肌系統的肌肉共同活化。

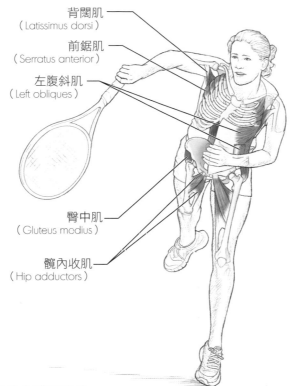

背闊肌
（Latissimus dorsi）

前鋸肌
（Serratus anterior）

左腹斜肌
（Left obliques）

臀中肌
（Gluteus medius）

髖內收肌
（Hip adductors）

圖 1.5　網球選手的身體螺旋線

　　當你抬起一隻腳準備進行單腳蹲，深蹲的平面特性會完全改變。從主要是矢狀面運動的雙邊深蹲轉換成單腳蹲時，單腳蹲需要展現的是額狀面與水平面的控制能力，你會使用斜向系統來維持平衡並推進整個運動。

　　左腳進行單腳蹲時，會用到左臀肌、內收肌和膕旁肌來向上推動，同時會使用腰胸筋膜、對側腰方肌與腹外斜肌來維持單邊支撐腳的平衡。這些和你在賽場上單腳落地時所用到的系統完全一樣，能保護你免於受傷。

　　觀察運動員揮動球拍、投球或者只是進行一般的日常工作，你會發現他們產生力量與維持平衡時，也是使用相同的螺旋模式。

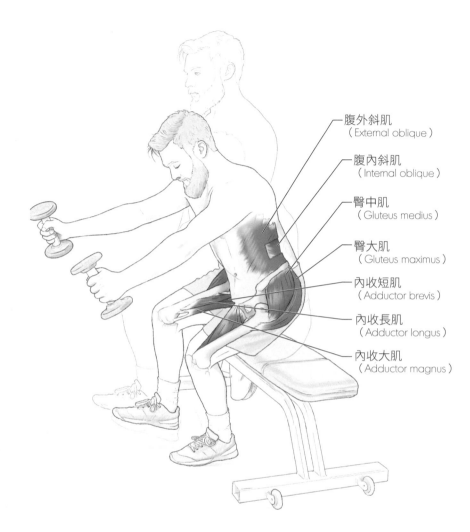

腹外斜肌
（External oblique）

腹內斜肌
（Internal oblique）

臀中肌
（Gluteus medius）

臀大肌
（Gluteus maximus）

內收短肌
（Adductor brevis）

內收長肌
（Adductor longus）

內收大肌
（Adductor magnus）

圖 1.6　單腳蹲時，前斜肌與後斜肌系統的肌肉共同活化。

　　人體是一個驚人的張拉整體（tensegrity），藉由內部緊密連結的網絡系統，來協調有力且精準受控的運動動作。骨骼、肌肉、肌腱與筋膜在體內構成的網絡，由神經系統控制與整合。

　　身體發揮功能時，體內溝通連結的網絡是多向性的，因此整體功能的表現，比各部位的加總來得重要。因此當你在為功能性訓練課表選擇動作時，必須考慮人體解剖構造在動態運動環境中，如何以整體方式發揮功能。本書以下章節就將提供一個框架，引導你根據人體功能性解剖構造來規畫功能性訓練課表。

第2章

活動度訓練
MOBILITY EXERCISES

功能性訓練課表的首要任務,是讓你的關節能夠在沒有疼痛或限制的情況下,進行全方位的運動。因為組織僵硬造成的關節活動度受限,常會導致代償作用與關節表面退化。

活動度與柔軟度

關節活動度(joint mobility)是指在給定的範圍內,關節的主動移動能力。訓練時,你的目標是盡可能提高所有主要關節的活動範圍。

根據上述定義,你可能會認為**活動度**(mobility)跟**柔軟度**(flexibility)是同一件事,但就功能來說,它們的定義完全不同:

- **柔軟度**指的是某一關節與周圍軟組織的被動活動範圍。
- **活動度**指的則是某一關節與周圍軟組織的主動活動範圍與神經控制。

雖然柔軟度與活動度的差異似乎並不明顯,但它們對於身體功能性的影響,差異卻很大。想要擁有實用且活動效率高的身體,柔軟度與活動度缺一不可。

在負重運動時,肌肉不僅是被動地伸展而已;它們必須在離心收縮的張力下拉長,同時會用到關節的抗拉能力與神經控制。當肌肉在負重時能夠伸展而沒有斷裂,

不只是因為柔軟度的關係，同時也會用到局部肌肉的肌力，並透過神經系統來控制這個動作。試想一位棒球選手伸手接球來攔截對手的全壘打。對球員來說，擁有手臂能夠伸長過頭的被動能力很重要，但同時他也必須擁有肩關節複合體的神經控制與組織肌力，讓動作減速以避免肩膀脫臼或軟組織受傷。被動地伸展組織以產生有用的活動範圍是不夠的；在伸展時，必須主動產生肌力，才能改變組織結構，創造神經控制。

　　本章的訓練部分，會提示你如何主動提高關節活動度，以追求最佳運動品質並降低受傷風險。

活動度與區域相互依存理論

　　身體的健康與功能非常仰賴關節進到正確位置，以吸收與適應壓力的能力。當恢復時間有限或訓練量提高時，結締組織的靜息神經張力通常會增加，進而限制關節的自由度。若是沒有處理控制，關節活動度受限可能會導致關節退化，結締組織受傷，並導致代償發生。

　　想要有效地開始傳統的全身訓練，必須讓身體中的每一個關節，獨立功能都保持在水準之上，這件事非常重要。如果一個關節沒有足夠的活動範圍與神經控制，鄰近關節很有可能因此做出代償，來彌補它的活動範圍不足。這就是「區域相互依存理論」，身體中每一個關節系統都仰賴上下關節系統的正常運作。當一個關節的功能受限，身體會去尋找最不費力的動作模式來完成這項任務。

　　舉例來說，如果你在深蹲時踝關節背屈不足，就必須透過腳大拇趾內收、足部過度內旋、脛骨內旋和股骨內收來代償，而這通常會對膝蓋內側結構造成過大的外翻應力（圖2.1）。

　　身體中所有關節都要有足夠的活動度，以確保在全活動範圍皆有足夠的自由度，不會對關節或結締組織帶來過度的壓力，也不會讓鄰近的關節組織代償。

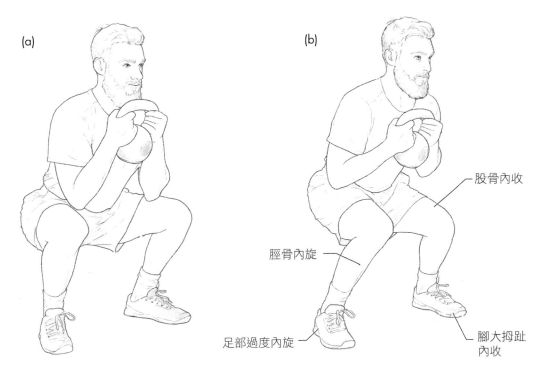

圖 2.1　(a) 方式正確且活動度充足的深蹲與 (b) 發生代償時的深蹲

坐姿 90 / 90 髖外旋伸展（髖屈）
90 / 90 HIP STRETCH (EXTERNAL ROTATION AND FLEXION FOCUS)

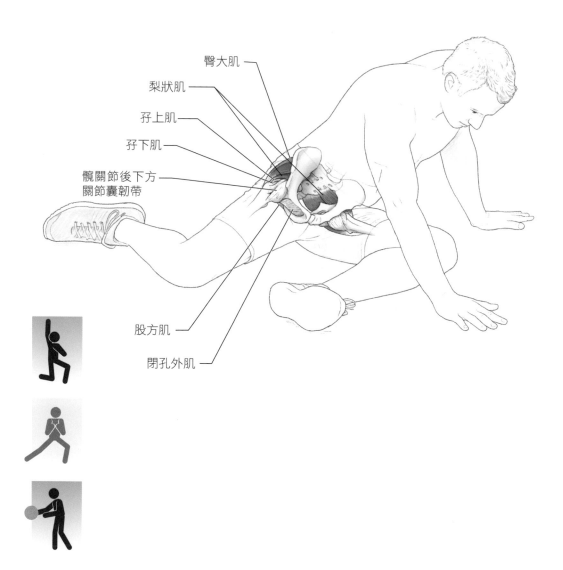

臀大肌

梨狀肌

孖上肌

孖下肌

髖關節後下方
關節囊韌帶

股方肌

閉孔外肌

操作步驟

1. 坐在地上，一腳在前，另一腳在後。兩腳的髖關節、膝蓋與腳踝全部互相垂直成90度。
2. 雙手放置在前方外旋腳的兩側。
3. 收縮前腳那側的臀部，主動讓前腳下壓至地面。
4. 利用髖屈把軀幹拉靠近前腳，同時保持脊椎中立。換邊進行，重複上述相同步驟。

參與肌肉

主要

- 髖關節後下方關節囊韌帶（Posterior and inferior hip capsular ligaments）
- 臀大肌（Gluteus maximus）
- 梨狀肌（Piriformis）

次要

- 孖上肌與孖下肌（Gemellus superior and inferior）
- 閉孔外肌（Obturator externus）
- 股方肌（Quadratus femoris）

.

☛ **變化式**

坐姿 90 ／ 90 髖內旋伸展（髖伸）
90 / 90 Hip Stretch (Internal Rotation and Extension Focus)

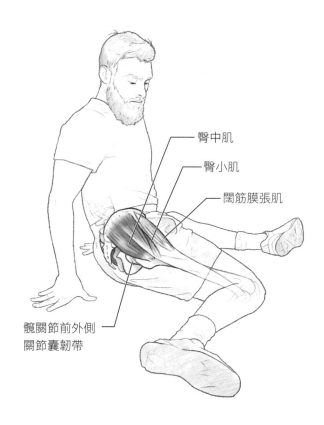

臀中肌

臀小肌

闊筋膜張肌

髖關節前外側
關節囊韌帶

　　這種90／90髖關節伸展方式，重點在於內旋與髖伸。訓練方式與坐姿90／90
髖外旋伸展相似；但它著重於伸展對側的髖部，進行內旋與髖伸。

　　坐在地上，一腳在前，一腳在後。髖關節、膝蓋與腳踝全部互相垂直成90度。
雙手放在臀部兩側，身體挺直，坐得越高越好。主動讓雙腳下壓至地面並把軀幹向
後靠，讓腳內旋。

蜘蛛人伸展
SPIDERMAN STRETCH

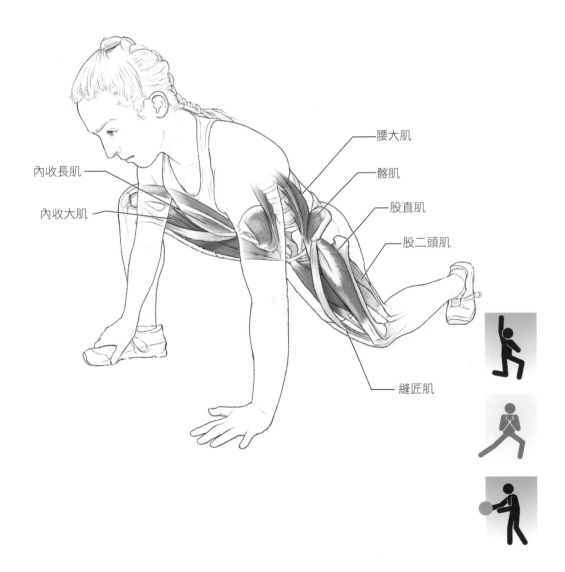

內收長肌

內收大肌

腰大肌

髂肌

股直肌

股二頭肌

縫匠肌

活
動
度

操作步驟

1. 以伏地挺身的姿勢開始，雙手置於肩膀下方。

2. 右腳向前邁出，踩在右手外側，並讓左膝著地。

3. 右肘推向右膝，同時使用內收肌群，讓右膝回推右肘。

4. 使用臀肌讓後臀下壓靠近地板。換邊進行，重複上述步驟。

參與肌肉

主要

- 內收大肌（Adductor magnus）
- 內收長肌（Adductor longus）
- 半膜肌（Semimembranosus）
- 半腱肌（Semitendinosus）
- 股薄肌（前髖）（Gracilis (front hip)）
- 前囊韌帶（Anterior capsular ligaments）
- 髂肌（Iliacus）
- 腰大肌（Psoas）
- 股直肌（後髖）（Rectus femoris (rear hip)）

次要

- 股二頭肌（前髖）（Biceps femoris (front hip)）
- 縫匠肌（後髖）（Sartorius (rear hip)）

‖ 重點功能 ‖

　　蜘蛛人伸展是有雙重目的的活動度訓練，可同時提升前髖屈曲與後髖伸展的活動度。這項訓練對於增進深蹲時前髖的髖關節活動度，效益特別明顯，對於像是短跑此類運動，也能改善後髖的髖關節伸展。髖關節活動度不足，對衝刺的動作姿勢會造成負面影響，也會導致脊椎與骨盆代償，進而產生背痛。

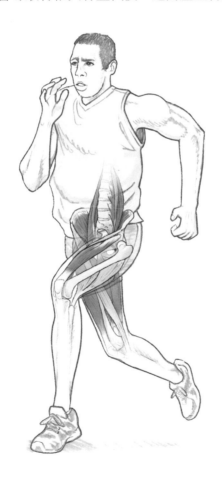

髖內收前後搖擺
STRAIGHT-LEG ADDUCTOR ROCKING

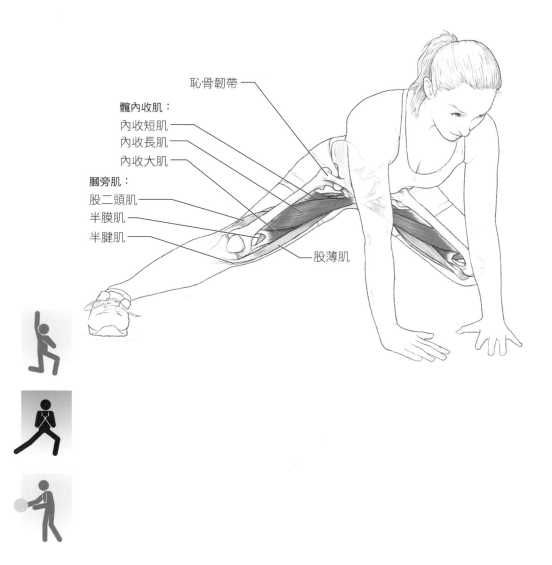

恥骨韌帶

髖內收肌：

內收短肌

內收長肌

內收大肌

膕旁肌：

股二頭肌

半膜肌

半腱肌

股薄肌

<table>
<tr><td>操作步驟</td><td>

1. 身體呈跪姿，髖關節盡量分開。

2. 右腿向右側伸直，此時膝蓋是打直的，腳踝轉向前，腳掌朝前，整個腳踩在地面上。

3. 保持脊椎中立，臀部推往身體後方的地面，同時用嘴巴吐氣。

4. 身體向前擺動，重複完成課表安排的次數。然後換邊進行。
</td></tr>
</table>

參與肌肉

主要

- 恥骨韌帶（Pubofemoral ligament）
- 髖內收肌（內收長肌、內收大肌、內收短肌.）（Hip adductors (adductor longus, adductor magnus, adductor brevis)）

次要

- 股薄肌（Gracilis）
- 恥骨（Pectineus）
- 膕旁肌（半腱肌、半膜肌、股二頭肌）（Hamstrings (semitendinosus, semimembranosus, biceps femoris)）

活
動
度

‖ 重點功能 ‖

　　髖內收前後搖擺對提升組織延伸性，以完成髖外展動作很有幫助。有足夠的正面髖關節活動度，對於常需要改變方向的田徑場、球場上的運動，甚至是滑冰運動都非常重要。髖內收組織的延伸性不佳，可能會讓運動員的內收肌拉傷，且有運動型疝氣的風險。

單跪姿髖屈肌伸展
HALF-KNEELING HIP FLEXOR STRETCH

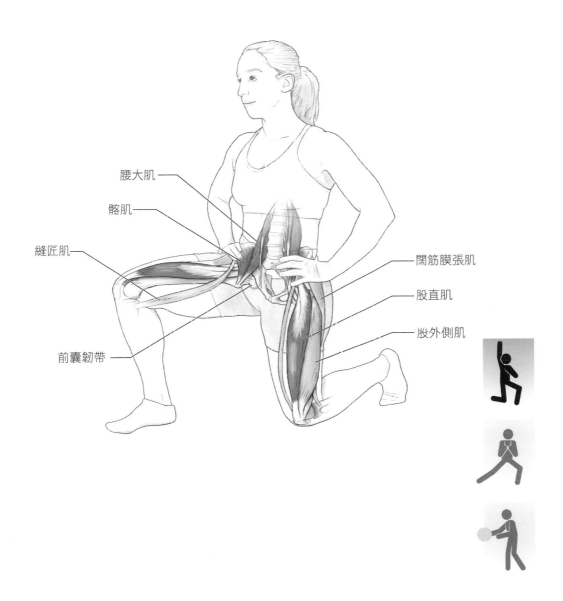

腰大肌

髂肌

縫匠肌

前囊韌帶

闊筋膜張肌

股直肌

股外側肌

活動度

操作步驟

1. 身體呈單跪姿,左膝著地,右腳在前面,膝蓋彎曲呈90度。

2. 左邊腳踝背屈,腳趾像是要插入地面。

3. 專注於骨盆後傾與肋骨下沉,讓腹部緊繃。

4. 保持腹部緊繃並收緊臀部,進行鼻子吸氣、嘴巴吐氣的橫隔膜呼吸。換邊進行。

參與肌肉

主要

● 前囊韌帶
　（Anterior capsular ligaments）

● 髂肌（Iliacus）

● 腰大肌（Psoas）

● 股直肌（Rectus femoris）

次要

● 股外側肌（Vastus lateralis）

● 闊筋膜張肌（Tensor fasciae latae）

● 縫匠肌（Sartorius）

‖ 重點功能 ‖

　　單跪姿髖屈肌伸展是要提升前髖肌肉組織的延伸性，特別是髂肌、腰大肌與股直肌。在需要大量髖關節屈曲的運動，像是短跑、自行車與滑冰時，保持髖部伸展的活動度對髖關節健康十分重要。

活
動
度

靠牆股四頭肌伸展
WALL QUAD STRETCH

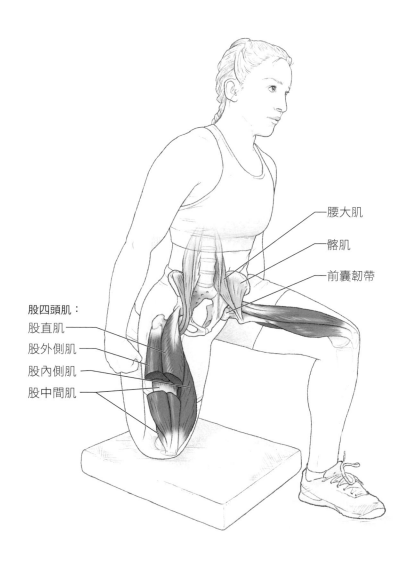

腰大肌

髂肌

前囊韌帶

股四頭肌：

股直肌

股外側肌

股內側肌

股中間肌

操作步驟

1. 身體背對牆呈單跪姿，右腳背靠在牆上，膝蓋彎曲，如此一來腳會位在你的臀部與牆中間。可以放個墊子在膝蓋上會比較舒服。

2. 左腳跨在前方且膝蓋呈90度，左腳掌平放在地上。

3. 伸展髖部與脊椎，身體坐直挺立，頭與膝蓋呈一直線。

4. 保持骨盆後傾與腹部緊繃，進行鼻子吸氣、嘴巴吐氣的橫隔膜呼吸。換邊進行。

參與肌肉

主要
- 前囊韌帶（Anterior capsular ligaments）
- 股四頭肌（股直肌、股外側肌、股內側肌、股中間肌）（Quadriceps (rectus femoris, vastus lateralis, vastus medialis, vastus intermedius)）

次要
- 髂肌（Iliacus）
- 腰大肌（Psoas）

活
動
度

‖ 重點功能 ‖

如果股四頭肌缺乏柔軟度，會限制短跑時腳跟抬起高度的恢復能力，還會有髕骨股骨疼痛的風險。透過活動度訓練來改善股四頭肌的柔軟度，能讓短跑發力機制更佳，並降低股四頭肌拉傷與膝蓋疼痛的風險。

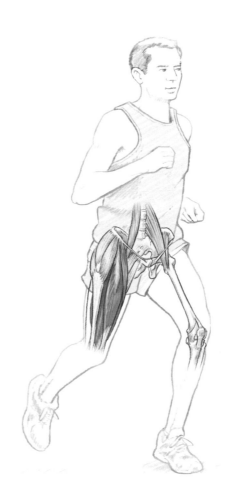

踝關節背屈
ANKLE DORSIFLEXION

比目魚肌
腓腸肌
阿基里斯腱

比目魚肌
腓腸肌
阿基里斯腱

活
動
度

操作步驟

1. 站在距離牆壁或厚墊牆30公分遠處，手掌牢牢放在牆或厚墊牆上。

2. 雙腳一前一後，身體90%的重量放前腳。

3. 讓後腳膝蓋越過腳掌的中間，盡可能超過腳趾越遠越好，但前腳的腳跟不可抬起離開地面。透過收縮脛前肌來達到踝關節背屈狀態。

4. 維持這個姿勢10秒，重複上述步驟完成課表安排的次數。換邊進行。

參與肌肉

主要

- 阿基里斯腱（Achilles tendon）
- 比目魚肌（Soleus）

次要

- 腓腸肌（Gastrocnemius）

‖ 重點功能 ‖

　　踝關節背屈對運動中的衝刺與減速相當重要，若你想在重訓室裡做好深蹲或弓步動作，它也是不可或缺的訓練項目。踝關節背屈不足會讓運動員的踝關節容易扭傷，或是比目魚肌、腓腸肌、阿基里斯腱與腳底筋膜的軟組織斷裂。

肩膀控制關節旋轉（屈曲為主）
SHOULDER-CONTROLLED ARTICULAR ROTATION （FLEXION FOCUS）

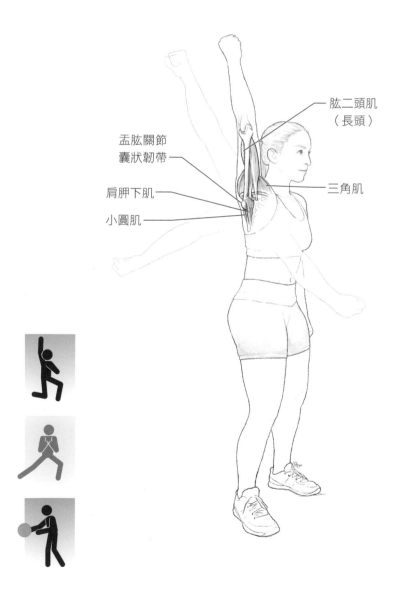

肱二頭肌
（長頭）

盂肱關節
囊狀韌帶

肩胛下肌

小圓肌

三角肌

操作步驟

1. 站在距離牆邊約 30 公分處，肩膀側面朝向牆壁。

2. 手肘伸直，手臂完全向前向外旋轉，肩膀越高越好，但不能透過胸椎伸展或旋轉來代償。

3. 到達最高點之後，手臂再向內旋轉。手臂往身體後方繞圈，直到回到原來的位置。

4. 要在有控制的情況下，緩慢地完成這項訓練。肩關節周圍的肌肉保持緊繃，且不可透過胸椎來代償。重複上述步驟五次再換邊進行。

參與肌肉

主要

- 盂肱關節囊狀韌帶（Glenohumeral capsular ligaments）

次要

- 三角肌（Deltoid）
- 肱二頭肌（長頭）（Biceps brachii (long head)）
- 旋轉肌群（棘下肌、棘上肌、肩胛下肌、小圓肌）（Rotator cuff (infraspinatus, supraspinatus, subscapularis, teres minor)）

☞ 變化式

肩膀控制關節旋轉（伸展為主）
Shoulder-Controlled Articular Rotation（Extension Focus）

　　肩膀控制關節旋轉的變化形式，將整體繞圈的重點放在伸展。站在距離牆邊約30公分的位置，肩膀側面朝向牆壁。手肘伸直，手臂完全向後向內旋轉，肩膀盡可能向後延伸，但不能透過胸椎的屈曲或旋轉來代償。肩膀往後延伸到底了，手臂再向外旋向前繞圈直到回到原來的位置。在有控制的情況下，緩慢地完成這項訓練，肩關節周圍的肌肉保持緊繃，且不可透過胸椎來代償。重複上述步驟五次再換邊進行。

第3章

運動控制與動作熱身準備
MOTOR CONTROL AND MOVEMENT PREPARATION EXERCISES

動作準備是熱身階段的運動，目的是教導運動員如何最有效率地移動，並為課表中更高強度的訓練做準備。運動控制是一個人透過神經系統來控制動作的能力，而這章節的訓練能幫助你提升和發展運動控制。假設你擁有完成一項動作的關節活動度，你要先在活動範圍內以低負重的方式發展身體能力，來提升自己的動作效率，就能在肌力訓練時漸進負重。簡單來說，你需要學習如何在適當的時間，使用正確的肌肉來移動正確的關節。

運動員常有一些代償的動作模式，這會讓他們在訓練或比賽時受傷風險較高。舉例來說，髖部伸展不足或核心穩定度不足時（或兩者皆不足的情況下），他們可能會使用腰椎伸展來代償。這種機制會導致代償的肌肉群過度使用，造成局部關節退化或是疲勞。重新訓練動作模式，身體會變得有效率，且能逐漸降低受傷與運動功能損壞的可能性。

在理想的情況下，你在本章節選擇的訓練動作，會與課表中肌力和爆發力這一部分的訓練直接相關，同時也會跟你在運動場上具體的表現相關。藉著先進行低門檻的動作準備訓練，再進入高門檻的肌力與爆發力訓練，你就可以在這個動作增加負重或是速度前，確定動作效率是沒問題的。

以下是一個功能性訓練課表中，動作準備訓練和肌力與爆發力訓練如何前後相關的例子。

仰臥放腿可發展骨盆穩定度，且能提升兩側髖關節一側屈曲、一側伸展的能力

（圖3.1）。仰臥放腿訓練腹部肌肉，進而達到穩定骨盆，它能減少髖屈肌與膕旁肌的靜止張力，讓髖屈與髖伸的活動範圍更大。完全地髖屈曲與髖伸展的能力，對跑步或是單腳硬舉（詳見第一章）都是非常重要的。

　　肌力訓練中的單腳硬舉，能發展後側鍊肌力與髖關節多平面穩定度。要正確執行單腳硬舉，需要完全地髖屈曲與髖伸展，因此我們需要仰臥放腿這種動作準備訓練給予支持，如圖3.1所示。

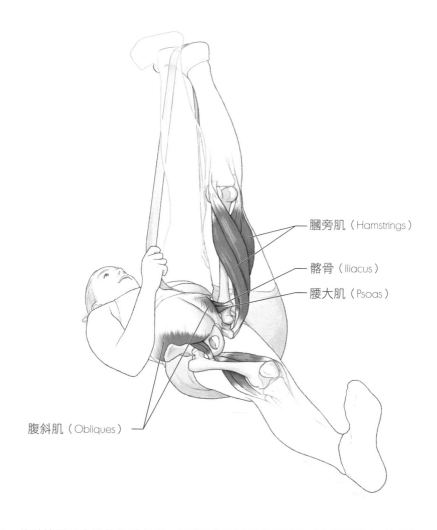

膕旁肌（Hamstrings）

髂骨（Iliacus）

腰大肌（Psoas）

腹斜肌（Obliques）

圖3.1　仰臥放腿可發展骨盆穩定度，能增進在髖關節鉸鏈訓練（像是硬舉）時兩側髖關節一側屈曲、一側伸展的能力。

　　在高速時踢足球這個動作，需要極大的髖關節活動度與穩定度（圖3.2）。想要身體的功能可以支持足球場上這個動作，你需要仰臥放腿來增進髖關節的活動範圍，以及單腳硬舉來發展髖關節穩定度。

　　在高負重與高速的活動之前，讓關節能在低負重與低壓力的情況下維持在正確的位置很重要。如前面所述，運動控制訓練可以制定有效率的動作策略，幫助你在高強度訓練前先熱身準備。

圖 3.2　運動員必須夠強壯來穩定她的站立腳，才能在髖部分到最開時不會使用腰椎來代償。

仰臥腹式呼吸
SUPINE DIAPHRAGMATIC BREATHING

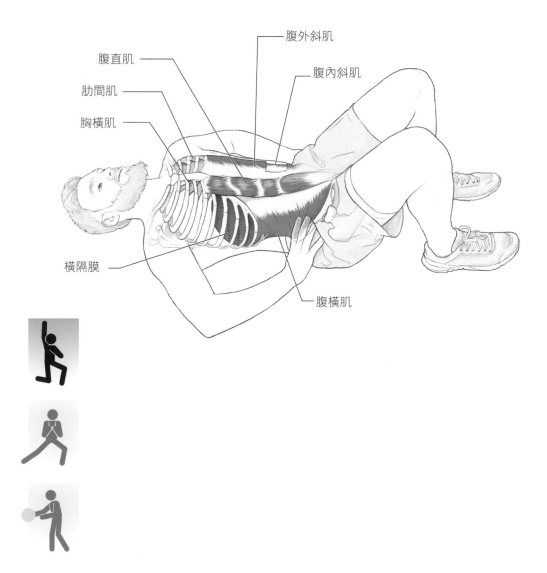

腹外斜肌

腹直肌

腹內斜肌

肋間肌

胸橫肌

橫隔膜

腹橫肌

操作步驟

1. 身體平躺，膝蓋彎曲，雙腳踩在地上。

2. 骨盆稍微向後傾斜，讓脊椎貼平地面，且尾骨抬高。

3. 用鼻子吸氣四秒，胸腔向各個方向擴張。

4. 用嘴巴吐氣八秒，讓肋骨下沉並向內收。最後屏住呼吸兩秒。

參與肌肉

主要

- 橫隔膜（Diaphragm）
- 腹直肌（Rectus abdominis）
- 腹外斜肌（Internal oblique）
- 腹內斜肌（External oblique）
- 腹橫肌（Transversus abdominis）

次要

- 胸橫肌（Transversus thoracis）
- 肋間肌（Intercostals）

穩
定
度
與
動
作
控
制

‖ 重點功能 ‖

　　腹式呼吸的目的是訓練運動員徵召呼吸肌肉組織的能力。正確使用橫膈膜與腹內外斜肌能促進呼吸過程的氣體交換，同時可以提升運動時的核心穩定度與胸腔與骨盆的定位。

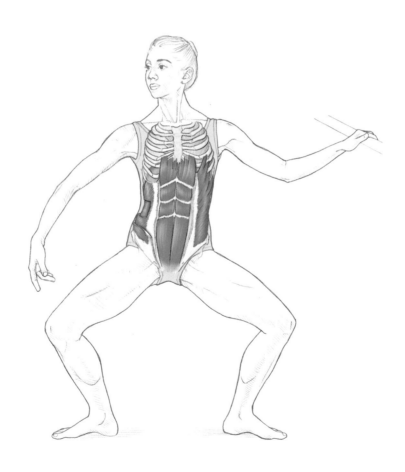

地面滑行
FLOOR SLIDE

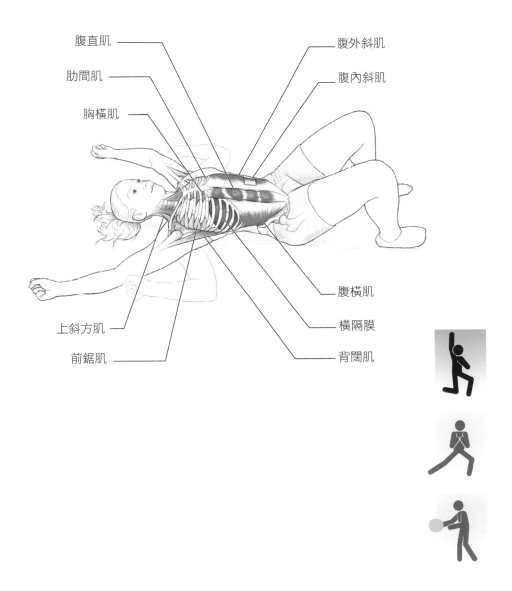

操作步驟

1. 身體平躺，膝蓋彎曲，雙腳踩在地上。肩膀外旋，手臂放在身體兩側呈 W 形。

2. 骨盆稍微向後傾斜，讓脊椎貼平地面，且尾骨抬高。

3. 一開始先用鼻子吸氣，然後嘴巴吐氣同時讓雙臂盡可能往上滑並越過頭部，手肘與拳頭要一直貼著地面。

4. 用鼻子吸氣，同時讓手肘回到原來的位置。腰椎在整個訓練過程要一直貼著地面。

參與肌肉

主要

- 橫隔膜（Diaphragm）
- 腹直肌（Rectus abdominis）
- 腹內斜肌（Internal oblique）
- 腹外斜肌（External oblique）
- 腹橫肌（Transversus abdominis）
- 小圓肌（Teres minor）
- 棘下肌（Infraspinatus）
- 棘上肌（Supraspinatus）

次要

- 胸橫肌（Transversus thoracis）
- 肋間肌（Intercostals）
- 背闊肌（Latissimus dorsi）
- 前鋸肌（Serratus anterior）
- 上下斜方肌（Upper and lower trapezius）

‖ 重點功能 ‖

　　地面滑行是用來發展肱骨、肩胛骨與胸腔，在肩膀高舉過頭屈曲與外旋的時候，三者正確的動作控制順序。當運動員的肩膀活動度受限，且軀幹抗伸展控制不佳時，就會發生軀幹伸展代償肩膀屈曲，這個代償作用可能會導致肩夾擠症候群或是頸部與肩膀疼痛。這項訓練教導你如何讓肱骨屈曲與外旋，以及肩胛骨上旋，同時保持肋骨下沉內旋。它能改善過頭運動的動作姿勢，像是投擲、過頭推舉與引體向上。

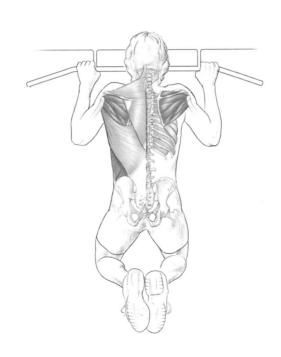

☞ 變化式

牆壁滑行 Wall Slide

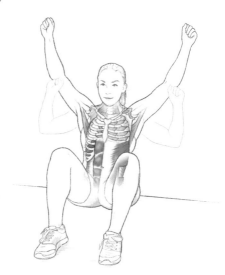

　　靠牆而坐，膝蓋彎曲，雙腳踩在地上。肩膀外旋，手臂呈 W 形，讓手掌、前臂與肩膀緊貼著牆。開始時先用鼻子吸氣，然後嘴巴吐氣且手臂盡可能上推過頭，同時肩膀外旋，讓腰椎、拳頭與前臂緊貼著牆。鼻子吸氣時讓手肘回到原來的位置。在整個訓練過程中，腰椎、前臂和手掌要緊貼著牆。

　　牆壁滑行是地面滑行的進階動作，軀幹直立會帶來更多挑戰。從仰臥進階到直立，你必須在沒有地面支撐的情況下，維持脊椎在矢狀面的穩定。進階至直立比較困難還有一個原因：外旋肩膀時少了重力幫忙，你必須主動外旋肩膀來保持和牆面的接觸。

仰臥彈力帶放腿
LEG LOWER WITH BAND STABILIZATION

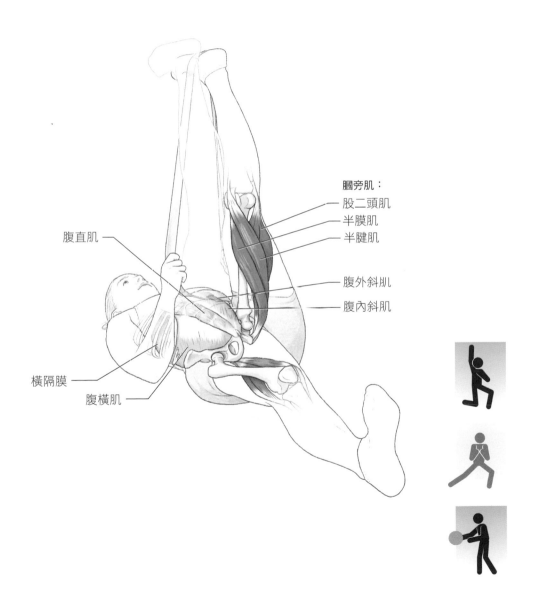

膕旁肌：
股二頭肌
半膜肌
半腱肌

腹外斜肌
腹內斜肌

腹直肌

橫隔膜
腹橫肌

穩定度與動作控制

操作步驟

1. 身體平躺，膝蓋打直，手拉彈力帶且讓彈力帶繞在一隻腳的足弓上。

2. 髖部屈曲，雙腳儘可能抬高，同時保持膝蓋伸直。

3. 開始時先用鼻子吸氣，用嘴巴吐氣時，沒有彈力帶的腳緩緩下放至地面，膝蓋要一直伸直。

4. 有彈力帶的腳在整個訓練過程要一直靜止並打直。鼻子吸氣時，讓沒有彈力帶的腳回到頂端。換邊進行。

參與肌肉

主要

● 膕旁肌（半腱肌、半膜肌、股二頭肌）（Hamstrings (semitendinosus, semimembranosus, biceps femoris)）

次要

● 腹直肌（Rectus abdominis）

● 橫隔膜（Diaphragm）

● 腹內斜肌（Internal oblique）

● 腹外斜肌（External oblique）

● 腹橫肌（Transversus abdominis）

‖ 重點功能 ‖

　　仰臥放腿是用來發展對側髖部的屈曲與伸展。髖部在全活動範圍同時屈曲與伸展的的能力，能讓你在跑步或是進行髖關節鉸鏈的動作時，不會因為透過脊椎或骨盆代償，而有受傷或表現不如預期的狀況。一旦你熟悉了如何使用彈力帶輔助進行仰臥放腿，就可以進階到無輔助的形式，它能進一步發展軀幹、骨盆與股骨的運動控制。

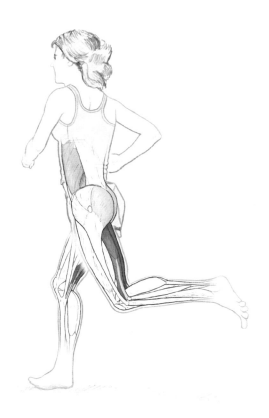

☞ 變化式

無輔助仰臥放腿 Unassisted Leg Lower

　　身體平躺，膝蓋打直，然後髖部屈曲且讓雙腳盡可能向上伸直。開始時用鼻子吸氣，吐氣時讓一隻腳緩緩地下放至地面，膝蓋要一直伸直。靜止腳要完全不動打直，整個訓練過程要一直主動繃緊。鼻子吸氣時，移動的腳回到頂端。然後換邊進行。

肘撐四足跪姿髖關節伸展
QUADRUPED HIP EXTENSION FROM ELBOWS

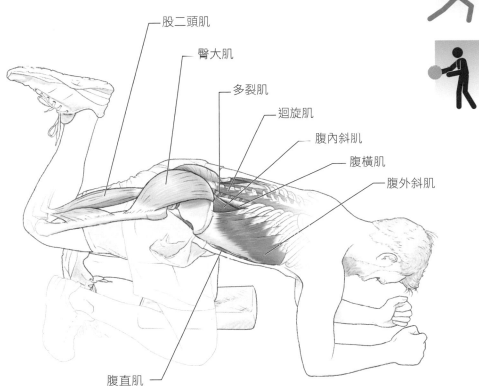

股二頭肌

臀大肌

多裂肌

迴旋肌

腹內斜肌

腹橫肌

腹外斜肌

腹直肌

操作步驟

1. 從四足跪姿開始，前臂貼地，手肘對齊肩膀，膝蓋對齊臀部。在其中一個膝蓋的下方放置墊子。

2. 開始時先用鼻子吸氣。嘴巴吐氣同時緩緩地將沒有墊子的膝蓋抬起，直到它平行地面。

3. 伸展髖部，腳跟往天花板方向延伸，同時保持脊椎中立。

4. 吸氣並讓膝蓋回到原來的位置。換邊進行。

參與肌肉

主要

- 腹直肌（Rectus abdominis）
- 橫隔膜（Diaphragm）
- 腹內斜肌（Internal oblique）
- 腹外斜（External oblique）
- 腹橫肌（Transversus abdominis）
- 多裂肌（Multifidus）
- 迴旋肌（Rotatores）

次要

- 臀大肌（Gluteus maximus）
- 股二頭肌（Biceps femoris）

‖ 重點功能 ‖

　　四足跪姿髖伸展的重點在發展髖伸展與脊椎骨盆伸展的分離能力。運動員常以腰椎伸展來代償髖關節伸展不足或是核心抗伸展不足，而有下背痛的風險。訓練時，你應該完全伸展髖部，不要讓腰椎代償，才是正確的做法。

仰臥彈力帶髖屈
SUPINE BAND HIP FLEXION

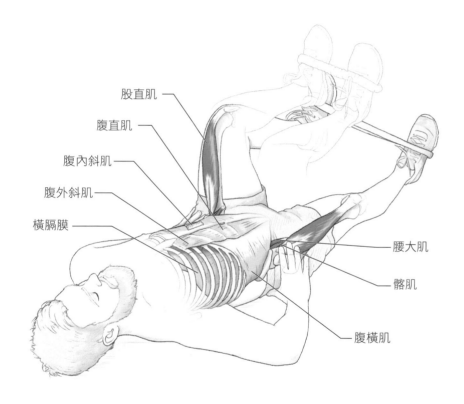

股直肌

腹直肌

腹內斜肌

腹外斜肌

橫膈膜

腰大肌

髂肌

腹橫肌

操作步驟

1. 身體平躺，兩腳膝蓋往胸部方向彎曲90度以上並用彈力帶套住兩腳足弓。

2. 訓練開始前，先用鼻子吸氣。嘴巴吐氣同時將一腳慢慢伸直，對側的髖部需抵抗彈力帶漸增的張力，維持完全屈曲的狀態。

3. 鼻子吸氣，讓膝蓋回到原來的位置。另一側重複相同動作。

參與肌肉

主要

- 腰大肌（Psoas）
- 髂肌（Iliacus）
- 股直肌（Rectus femoris）

次要

- 腹直肌（Rectus abdominis）
- 橫隔膜（Diaphragm）
- 腹內斜肌（Internal oblique）
- 腹外斜肌（External oblique）
- 腹橫肌（Transversus abdominis）

‖ 重點功能 ‖

　　這項訓練的重點在建立髖屈肌（特別是腰大肌與髂肌）的獨立肌力，同時發展骨盆與腰椎的穩定度，這兩者能抵抗髖屈曲與伸展。使用腰大肌與髂肌主動屈曲與伸展髖部的能力，以及控制骨盆的位置，對提升跑步效率，還有預防在衝刺或頻繁切入與變換方向的運動時（像是足球）的髖屈肌拉傷非常重要。

第4章
增強式訓練與藥球訓練
PLYOMETRIC AND MEDICINE BALL EXERCISES

大部分的運動比賽中，快速且具爆發力的移動能力，是取得成功的關鍵。跳得最高、跑得最快，以及打擊最有力的運動員，比做不到的運動員更常贏得競賽。因此，爆發力訓練是功能性訓練當中不可或缺的一部分。

設計功能性訓練課表時，應確定包含了針對上下肢的各式爆發力訓練項目，且單邊、雙邊與各運動平面都要規畫進來。一個均衡的爆發力訓練課表，可以讓運動員為場上的不可預測性做好最佳準備。

除了提高運動表現，增強式訓練與藥球訓練是預防運動傷害的基本工具。讓運動員以漸進的方式接觸高速運動，可以訓練他們的神經系統能更有效率地產生反射性穩定，同時發展局部組織彈性以承接高速運動的需求。

雙腳跳、單腳跳、跨步跳

往下閱讀之前，我們先來認識一些跟下肢爆發力訓練相關的基本術語。通用術語很重要，它能確保教練間或是教練與運動員可以清楚溝通。雖然教練或運動員常替換使用這些術語，但本書內文僅遵守以下定義：

雙腳跳（jump）：雙腳起跳離地，接著雙腳落地

單腳跳（hop）：單腳起跳離地，接著同一隻腳落地

　　跨步跳（bound）：單腳起跳離地，接著另一腳落地

　　你的課表應該包含各式不同的下肢增強式訓練。在均衡的運動表現課表中，單邊與雙邊訓練都不能缺席。為了健康著想，你要挑戰自己在所有的運動平面減速與產生力量的能力，這跟你在運動場上需要做的事情一樣。競技運動的動態特性要求運動員能在矢狀面、額狀面與水平面減速與再加速；把雙腳跳、單腳跳與跨步跳加入課表中，就能為競賽時會面臨的壓力做好充足準備。

丟擲藥球

　　雙腳跳、單腳跳與跨步跳的變化，是鍛鍊下半身爆發力的有效工具，藥球訓練則對上半身爆發力發展非常有幫助，應該加入課表中。丟擲輕量級至中量級的藥球（2～10磅，也就是0.9～4.5公斤），可以進行高速運動與高閾值運動單位（high-threshold motor unit）徵召，以發展上肢爆發力。此外，藥球過頭丟對訓練肩膀在處理投擲的減速階段產生的離心壓力，特別有助益。選擇哪一種藥球訓練需考量其目的，要能針對運動中代表的主要模式來發展爆發力。

一般民眾的爆發力訓練

　　通常教練與學員都認為爆發力訓練是運動員專屬。不過，一般民眾同樣能從發展爆發力的訓練中受益良多。隨著年紀增長，人們的神經系統會慢下來，同時會失去協調有力的高閾值運動單位收縮的能力。無法展現下肢的力量，就容易絆到甚至意外跌倒。考慮到這一點，爆發力訓練應該放進一般民眾與長者的課表中，好在年紀增長時仍能維持神經肌肉的效率。

加速前的減速

　　講到爆發力，我們通常會想到跳躍至半空中，但多常聯想到落地這件事呢？

　　為運動員設計一份有效率且抗受傷的課表時，「減速」這個項目常會被忽視。因為重力的關係，每一次的跳躍，無論是雙腳跳、單腳跳或是跨步跳，都會有一次的落地。而在任何高速活動中，安全只跟如何減速有關，跟加速沒有關係。你會在沒有煞車的情況下開快車嗎？還是會在沒有降落傘的時候跳下飛機呢？

　　運動員在跳躍後的落地，或者是踩踏腳步以減速或變換方向時，常會遭遇嚴重的受傷，但他們在向心收縮發力或是加速時卻很少受傷。根據這一點，教練應該把重點放在提升運動員的落地與吸收離心力的能力。在增強式訓練中發展的離心肌力，尤其是動態離心肌力，是骨骼肌肉的煞車系統。

　　除了降低傷害，有效率的減速能讓你在落地後產生更多向心作用的力量。以穩定且有力的姿勢落地能保護關節，此時從運動的離心階段轉換為向心階段，在減震階段的收縮，你可以有利地運用彈性能力向上爆發。

　　一開始我們可以進行以穩定度為主的增強式訓練，它強調「軟落地」與正確的關節定位，能發展離心減速肌力與正確的落地力學。當你能夠有效率地減速，就可以進階到動態增強式訓練來發展彈性，跳得更高。

　　減速時正確的落地力學，應確保足部、脛骨、股骨、骨盆和軀幹之間相互對齊，因此落地時負載能有效率地分布。以雙邊姿勢落地，運動員應雙腳掌伸直落地，髖骨在前腳掌正上方對齊，軀幹直立且以骨盆為中心（圖4.1a）。

以單邊姿勢落地時，腳掌、膝蓋、髖部跟頭部要全部對齊額狀面，如此一來力量才能有效地透過骨骼向上吸收（圖4.1b）。

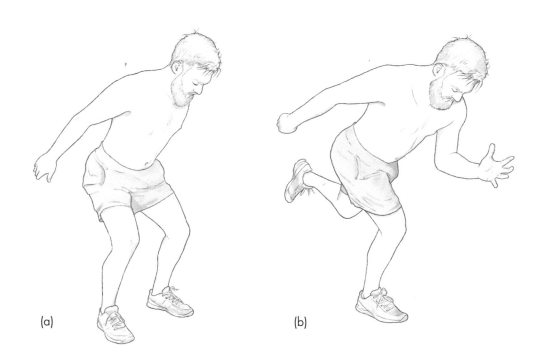

(a)   (b)

圖 4.1　正確的 (a) 雙邊與 (b) 單邊落地力學

增強式訓練

雙腳跨欄跳躍
HURDLE JUMP

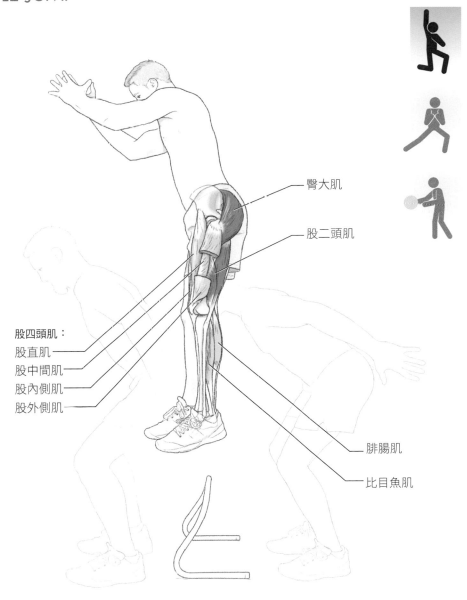

臀大肌

股二頭肌

股四頭肌：
股直肌
股中間肌
股內側肌
股外側肌

腓腸肌

比目魚肌

增強式訓練

操作步驟

1. 選擇一組你能雙腳輕鬆跳過的五個跨欄，將它們排成一直線，彼此間距90公分。

2. 以運動員姿勢站立，雙腳平行、與肩同寬，且膝蓋彎曲，手放在臀部兩側。

3. 用力地伸展髖部、膝蓋與腳踝且手臂向上，讓自己雙腳跳過跨欄。

4. 以運動員姿勢輕輕地降落在跨欄另一側，雙腳分開、與肩同寬，且膝蓋彎曲，腳掌平放地面。維持這個姿勢兩秒。重複上述步驟以完成課表安排的次數。

參與肌肉

主要

● 臀大肌（Gluteus maximus）

● 膕旁肌（股二頭肌、半膜肌、半腱肌）（Hamstrings (biceps femoris, semimembranosus, semitendinosus)）

次要

● 比目魚肌（Soleus）

● 腓腸肌（Gastrocnemius）

● 股四頭肌（股直肌、股外側肌、股內側肌、股中間肌）（Quadriceps (rectus femoris, vastus lateralis, vastus medialis, vastus intermedius)）

‖ 重點功能 ‖

　　雙腳跨欄跳躍是一個基本的爆發力訓練項目，用來發展雙邊下肢爆發力與減速機制。你可利用這項訓練做為入門跳躍訓練，建立離心式跳躍與落地技巧，然後再進階至單邊單腳跳躍訓練。

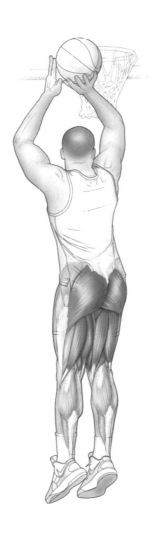

45 度向前側向跳躍
45-DEGREE BOUND

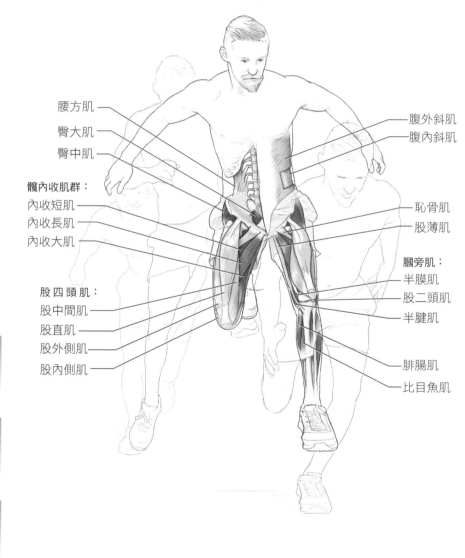

腰方肌

臀大肌

臀中肌

髖內收肌群：

內收短肌

內收長肌

內收大肌

股四頭肌：

股中間肌

股直肌

股外側肌

股內側肌

腹外斜肌

腹內斜肌

恥骨肌

股薄肌

膕旁肌：

半膜肌

股二頭肌

半腱肌

腓腸肌

比目魚肌

操作步驟

1. 以單腳運動員姿勢開始，一腳離地。藉由對齊腳趾、膝蓋、腳掌、髖部和頭部，把重心放在支撐腳上。

2. 朝對側腳方向，往 45 度角向前向上跳。

3. 輕輕地以對側腳落地，落地姿勢同起始姿勢。落地後，維持這個姿勢兩秒。再以另一隻腳重複上述步驟。

參與肌肉

主要

- 臀大肌（Gluteus maximus）
- 臀中肌（Gluteus medius）
- 髖內收肌群（內收長肌、內收大肌、內收短肌）（Hip adductors (adductor longus, adductor magnus, adductor brevis)）
- 比目魚肌（Soleus）
- 腓腸肌（Gastrocnemius）
- 膕旁肌（半腱肌、半膜肌、股二頭肌）（Hamstrings (semitendinosus, semimembranosus, biceps femoris)）

次要

- 腰方肌（Quadratus lumborum）
- 腹內斜肌（Internal oblique）
- 腹外斜肌（External oblique）
- 股四頭肌（股直肌、股外側肌、股中間肌、股內側肌）（Quadriceps (rectus femoris, vastus lateralis, vastus medialis, vastus intermedius)）
- 恥骨肌（Pectineus）
- 股薄肌（Gracilis）

☞ 變化式

側向連續跳躍 Lateral Bound

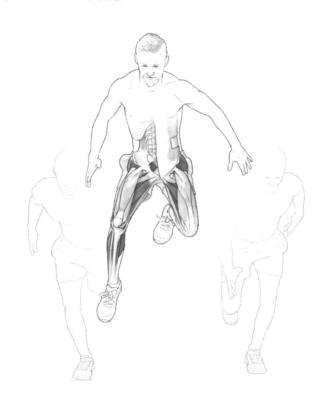

　　側向連續跳躍可視為45度跨步跳的退階動作或是簡易版，因為它只要求你在額狀面上穩定，不需要在其他運動平面減速。以單腳運動員姿勢開始，一腳離地。藉由對齊腳趾、膝蓋、腳掌、髖部和頭部，把重心放在支撐腳上。往側邊對側腳方向往上跳起，輕輕地以對側腳落地，落地姿勢同起始姿勢。落地後，維持這個姿勢兩秒。再以另一隻腳重複上述步驟。

單腳跨欄跳躍
SINGLE-LEG HURDLE HOP

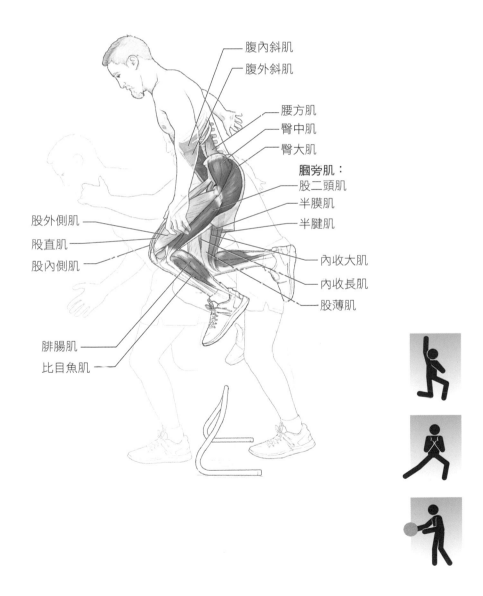

腹內斜肌

腹外斜肌

腰方肌

臀中肌

臀大肌

膕旁肌：

股二頭肌

半膜肌

半腱肌

內收大肌

內收長肌

股薄肌

股外側肌

股直肌

股內側肌

腓腸肌

比目魚肌

增強式訓練

操作步驟

1. 選擇一組你能雙腳輕鬆跳過的五個跨欄，將它們排成一直線，彼此間距90公分。以單腳運動員姿勢站立，單腳離地，位置距離第一個跨欄約30公分遠。藉由對齊腳趾、膝蓋、腳掌、髖部和頭部，把重心放在支撐腳上。

2. 用力地伸展髖部、膝蓋與腳踝且手臂向上，讓自己單腳跳過跨欄。

3. 以同側腳輕輕地落地在跨欄另一側，落地姿勢同起始姿勢。

4. 在進行下一個跨欄單腳跳躍之前，維持這個落地姿勢兩秒。完成五個一組的柵欄後，換另一隻腳重複上述步驟。

參與肌肉

主要

- 臀大肌（Gluteus maximus）
- 臀中肌（Gluteus medius）
- 髖內收肌群（長內收肌、大內收肌、短內收肌）（Hip adductors (adductor longus, adductor magnus, adductor brevis)）
- 比目魚肌（Soleus）
- 腓腸肌（Gastrocnemius）
- 膕旁肌（半腱肌、半膜肌、股二頭肌）（Hamstrings (semitendinosus, semimembranosus, biceps femoris)）

次要

- 腰方肌（Quadratus lumborum）
- 腹內斜肌（Internal oblique）
- 腹外斜肌（External oblique）
- 股內側肌（Vastus medialis）
- 股外側肌（Vastus lateralis）
- 股直肌（Rectus femoris）
- 恥骨肌（Pectineus）
- 股薄肌（Gracilis）

‖ 重點功能 ‖

　　單腳跨欄跳躍著重於訓練單邊下肢爆發力與減速。它對於提升跑步及切入的單邊發力率很有幫助，也能改善離心落地技巧來減少下肢的非接觸傷害。

爆發力登階
EXPLOSIVE STEP-UPS

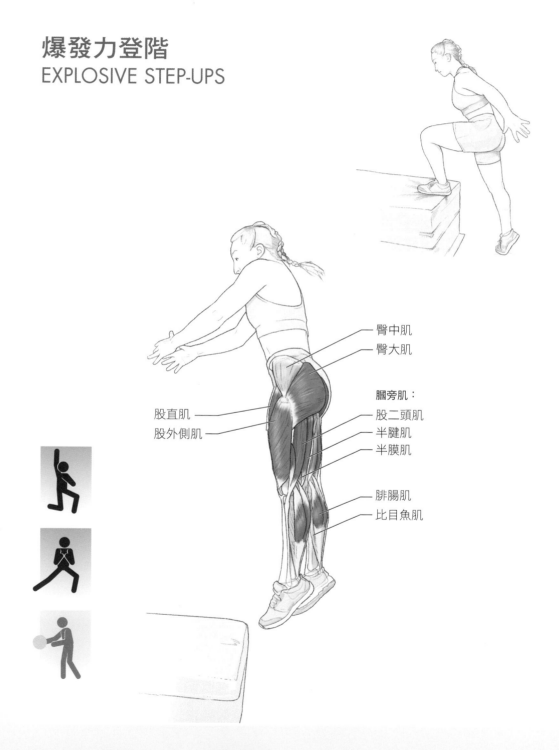

臀中肌

臀大肌

膕旁肌：

股二頭肌

半腱肌

半膜肌

腓腸肌

比目魚肌

股直肌

股外側肌

操作步驟

1. 站在 30～46 公分高的跳箱或墊子前，距離約 15 公分遠，一腳踩在跳箱頂端，另一腳在地面上。

2. 用力伸展膝蓋、髖部與腳踝，讓跳箱上的那隻腳垂直向上跳。

3. 兩腳在半空中位置互換，以另一隻腳在箱子上落地。

4. 兩腳交替，重複課表安排的次數。

參與肌肉

主要

● 臀大肌（Gluteus maximus）

● 膕旁肌（半腱肌、半膜肌、股二頭肌）（Hamstrings (semitendinosus, semimembranosus, biceps femoris)）

● 股四頭肌（股直肌、股外側肌、股內側肌、股中間肌）（Quadriceps (rectus femoris, vastus lateralis, vastus medialis, vastus intermedius)）

● 腓腸肌（Gastrocnemius）

次要

● 臀中肌（Gluteus medius）

● 比目魚肌（Soleus）

增強式訓練

‖ 重點功能 ‖

爆發力登階是一種增強式訓練，用來發展加速所需的爆發力與衝刺一開始的推力。這項訓練的交替特性，需要高水準的肌力與協調性，而這些能力也能良好地轉移至短跑運動員身上。

藥球過頭丟
OVERHEAD MEDICINE BALL THROW

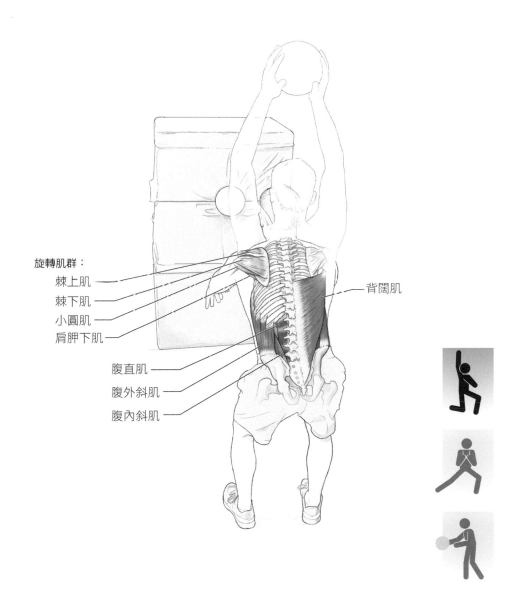

旋轉肌群：
棘上肌
棘下肌
小圓肌
肩胛下肌

腹直肌
腹外斜肌
腹內斜肌

背闊肌

藥球訓鍊

操作步驟

1. 雙腳站立與肩同寬，選一顆2～4磅（0.9～1.8公斤）的藥球，將它高舉過頭。踮腳尖，身體盡可能直立。

2. 迅速髖屈，在約胸部高度的位置將藥球用力並快速地往牆壁丟擲。

參與肌肉

主要

- 背闊肌（Latissimus dorsi）
- 腹直肌（Rectus abdominis）
- 內斜肌（Internal oblique）
- 外斜肌（External oblique）

次要

- 旋轉肌群（棘下肌、棘上肌、肩胛下肌、小圓肌）（Rotator cuff (infraspinatus, supraspinatus, subscapularis, teres minor)）

‖ 重點功能 ‖

　　藥球過頭丟的目的是發展前核心整體肌群與上肢的丟擲爆發力。盡可能快速地丟擲藥球,能透過腹直肌與背闊肌發展向心收縮爆發力,並透過旋轉肌群與肩胛骨穩定肌肉組織訓練動態離心肌力。

藥球訓練

站姿藥球側拋
STANDING MEDICINE BALL SIDE TOSS

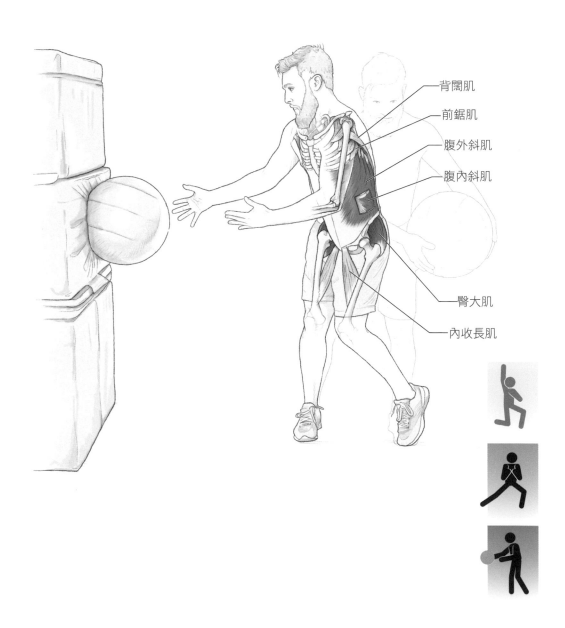

背闊肌

前鋸肌

腹外斜肌

腹內斜肌

臀大肌

內收長肌

操作步驟

1. 以運動員姿勢側身站在距離牆邊約 90 公分處。

2. 在外側的臀部前方，用雙手握住一顆 6～10 磅（2.7～4.5 公斤）的藥球。

3. 髖部與肩膀轉向牆壁，把與腰同高的藥球用力地拋向牆壁。

4. 重複上述步驟以完成課表安排的次數，然後換邊進行。

參與肌肉

主要

● 腹外斜肌（External oblique）

● 腹內斜肌（Internal oblique）

● 臀大肌（Gluteus maximus）

次要

● 內收長肌（Adductor longus）

● 前鋸肌（Serratus anterior）

● 背闊肌（Latissimus dorsi）

‖ 重點功能 ‖

　　站姿藥球側拋可用來發展水平面與額狀面的全身爆發力。這是一項很有效的訓
練，教導運動員如何產生力量，並將力由下肢傳遞至上肢，投擲、擺動、扭轉與拳
擊，皆是相似的動作模式。

站姿藥球胸前推
STANDING MEDICINE BALL CHEST PASS

三角肌

肱三頭肌

胸大肌

藥球訓鍊

操作步驟

1. 以運動員姿勢站立，面對牆壁，距離約 1.2 公尺遠。

2. 在胸前位置握住藥球，進行髖關節鉸鍊動作，髖部往後坐遠離牆壁。

3. 髖部用力往前推，順勢將球筆直地往前扔向牆壁。

4. 重複上述步驟以完成課表安排的次數。

參與肌肉

主要

● 胸大肌（Pectoralis major）

● 三角肌（Deltoid）

● 肱三頭肌（Triceps brachii）

次要

● 棘下肌（Infraspinatus）

● 小圓肌（Teres minor）

☞ 變化式

衝刺起跑姿藥球胸前推　Sprint Start Chest Pass

　　當你熟悉藥球胸前推之後，可以進階至較困難的版本：衝刺起跑姿藥球胸前推。這項訓練用來發展全身整體的爆發力，教你如何有效率地將力量從下半身傳遞至上半身，並以加速衝刺的模式呈現。

　　以交錯姿勢站立，腳與肩膀同寬，前腳的腳跟與後腳的腳趾對齊。深蹲下來，手放在前方的藥球上，身體大部分的重量放在前腳。用力讓身體向前並透過前腳推動，同時胸部與手臂將藥球推向牆。

藥球單手轉體胸前推
ROTATIONAL ONE-ARM CHEST PASS

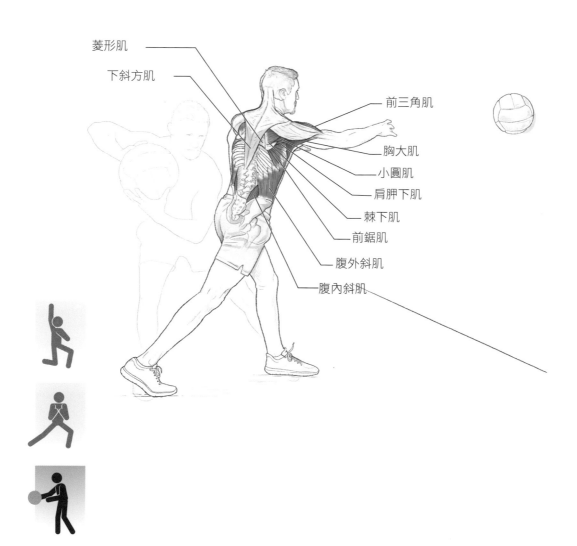

菱形肌

下斜方肌

前三角肌

胸大肌

小圓肌

肩胛下肌

棘下肌

前鋸肌

腹外斜肌

腹內斜肌

操作步驟

1. 以運動員姿勢站在離牆約 1.8 公尺處，雙腳與肩同寬，膝蓋彎曲，髖部屈曲。雙手握 4 磅（1.8 公斤）的藥球，置於外側肩膀前方。外側手肘抬高，讓手臂與地面平行。

2. 用力轉動髖部和軀幹，並透過外側手掌推球，把球扔向牆壁。

3. 換邊進行，重複上述步驟。交替進行以完成課表安排的次數。

參與肌肉

主要

- 胸大肌（Pectoralis major）
- 前三角肌（Anterior deltoid）
- 前鋸肌（Serratus anterior）
- 旋轉肌群（棘下肌、棘上肌、肩胛下肌、小圓肌）（Rotator cuff (infraspinatus, supraspinatus, subscapularis, teres minor)）
- 腹內斜肌（Internal oblique）
- 腹外斜肌（External oblique）

次要

- 胸小肌（Pectoralis minor）
- 下斜方肌（Lower trapezius）
- 菱形肌（Rhomboids）

藥球訓練

‖ 重點功能 ‖

　　藥球單手轉體胸前推應放進課表中，來發展投擲與格鬥運動的上半身旋轉爆發力。這項訓練教你如何在水平面產生爆發力，並有效地將力量從髖部透過軀幹的肌肉組織傳遞至肩膀與旋轉肌群。

第 5 章

重爆發力訓練
HEAVY IMPLEMENT POWER EXERCISES

　　做為競技運動員，你應該不斷尋求方法來提升爆發力。整體的爆發力增加，能讓運動員跑得更快、跳得更高，並且打擊也會更有力。你應該進行重負荷的動作，且完成的速度要快，它能增進神經系統放電，幫助發展第二類型的快縮肌纖維。

　　如果學習方式正確，奧林匹克舉重，如懸垂式上搏和懸垂式抓舉，或是其他替代動作，如壺鈴擺盪、啞鈴抓舉以及推雪橇等，都是發展爆發力極珍貴的工具。而這個爆發力能在競技運動場上直接轉換為爆炸性的衝刺與跳躍能力。

發力率

　　進行重爆發力訓練的最終目標，是提升你的發力率。在訓練時，你以最快的速度推動最重的負載，能得到最高的功率輸出。回到基礎物理學，功率的公式如下：

$$功率＝（作用力 \times 距離）／時間$$

　　將最重負載以最快的速度，移動最遠的距離，可以得到最大的功率輸出。務必記住這個公式，選擇合適的訓練項目與負重，就能確保你得到最大功率。功率直接由下面三個變數決定：負重、速度與行經的距離。然而距離是一個固定的變數，取決於肢體長度及選擇哪種訓練；負重與速度則取決於重量的選擇與訓練的執行方式。

　　進行重爆發力訓練時，你應該注意選擇的負載重量，來獲得最佳的功率。在進行這些訓練時，你的目的是以最快速度移動負載，來驅動神經系統的適應與提升肌肉纖維質量。在運動領域裡，有最大爆發力的運動員，通常也是場上跑得最快與跳得最高的人。針對重爆發力訓練，我們的目標是以圖 5.1 力－速度曲線的中段來進行這項訓練。

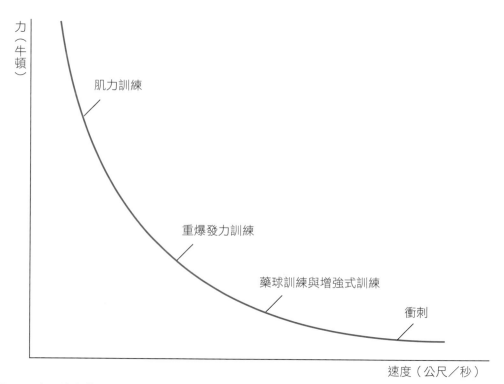

圖 5.1　力－速度曲線圖

　　它的 Y 軸代表力（負重）而 X 軸代表速度（單位：公尺／秒），你可以清楚看到變數如何相互影響，導致不同的功率輸出。最高力量發生在較大的訓練負重下，但速度會比較慢。速度峰值則是發生在高速但低負重的情況下。如果想要得到最大功率，你必須在這個公式中找到平衡，選擇適當的負重，來得到最高的功率。本章節描述的訓練應該要發生在曲線的頂點，如圖 5.1；衝刺與增強式訓練這類的活動，動作速度最快，在曲線最右端；而本書後面介紹的肌力訓練，產生的力量最大，在曲線的最左端。

爆發力訓練的中樞與外圍適應

　　藉由爆發力訓練的應用，你能夠提升肌肉與神經系統的協調性，以爆發性的方式動作。生理上來說，你可以經由兩種方式來提高功率輸出。一是持續進行爆發力訓練，透過增加運動單元徵召數量與它們對工作肌肉的放電頻率，來提高你的效率與中樞神經系統的輸出。中樞神經系統輸出的變化，就稱為**中樞適應**（central adaptations）。

　　二是藉由改變快肌與慢肌纖維的比例，來提升你產生爆發力的能力；這種改變稱為**外圍適應**（peripheral adaptations）。所有人體內都有三種肌肉纖維。它們被區分為 I 型肌纖維（氧化型慢縮肌）、IIa 型肌纖維（有氧糖酵解快縮肌）與 IIb 型肌纖維（無氧糖酵解快縮肌）。這些肌肉纖維種類是由它們的代謝方式以及收縮率來區分。

　　I 型肌纖維極度依賴有氧代謝，因此它的發力率低，但有很高的抗疲勞性。這些纖維主要用於日常活動，或是馬拉松這類長距離的耐力運動項目。

　　IIa 型纖維肌同時需要氧化代謝與糖酵素代謝；他們的發力率中等且能抗疲勞。持續性的力量活動，像是 400 公尺或 800 公尺的跑步，100 公尺或 200 公尺的游泳，都很需要 IIa 型肌纖維。

　　IIb 型纖維肌依賴儲存在局部肌肉中的 ATP（三磷酸腺苷）與肝醣。因為它們進行局部物質代謝，因此可以產生最高的收縮率，但也很容易疲勞。IIb 型肌纖維主要用於所有運動中短時間的爆發性衝刺與跳躍。

　　每一位運動員都有不同的肌肉纖維比例，這主要由遺傳決定。有些人有較高的 I 型肌纖維，有的人則是有較高的 II 型肌纖維；前者在耐力運動上有優勢，後者則是擅長爆發性的活動。

　　運動表現教練希望透過訓練，從中樞（中樞神經系統）與外圍（IIb 型纖維肌增殖）來影響運動員的爆發力表現。雖然這兩項因素與遺傳都極度相關，但經由持續性的重爆發力訓練，像是奧林匹克舉重、壺鈴擺盪、啞鈴抓舉與雪橇衝刺，還是會進步改善。

動態時負載的移動（pulsing）與支撐的能力發展

　　爆發力訓練還提供了競技運動員一項很有價值但卻被輕忽的好處：在動態負載與衝擊下，「動態時負載的移動」（pulse）與支撐的能力。爆發力高的運動員擁有移動或收縮的能力，在動作後也能比爆發力較低的對手更快速地放鬆他們的肌肉。在衝刺、打擊、投擲與擺盪這幾樣動作上，這是一項很有價值的技術，因為將力量轉化為流暢動作的成果，取決於運動員在初次收縮後的放鬆能力。

　　此外，動態時負載的移動能力對降低傷害特別有價值。在接觸性運動上，支撐衝擊與吸收撞擊的能力，與運動員的神經系統在支撐肌群於身體受影響的部分周圍分裂的反應相關。這種爆炸性且有節奏的移動，會發生在上搏、擺盪與抓舉這種爆發力訓練中，可以訓練運動員的神經系統。

發展爆發力的替代方法

　　雖然奧林匹克舉重是提升爆發力很有利的工具，但有一部分的人可能因為特定的運動、受傷史或是訓練時間表而無法使用。如果有急性或慢性的手腕、肩膀或背部問題，奧林匹克舉重可能會帶來麻煩，因為它會對這些關節造成潛在的影響。同樣地，因為肩膀、手肘與手腕累積了許多壓力，棒球選手等投擲類的運動員應該避免奧林匹克式舉重。最後，要進行奧林匹克舉重得遵循學習曲線，需要一段時間練習才能正確執行。對時間有限的運動員來說，教練應該將他們的時間投資在可以更快熟悉與執行的爆發力訓練項目上。像是壺鈴擺盪、啞鈴抓舉與推雪橇等，這些動作對於不能使用奧林匹克舉重的運動員來說，都是發展爆發力的替代方法。

槓鈴懸垂式上搏
BARBELL HANG CLEAN

後三角肌

豎脊肌：
髂肋肌
最長肌
棘肌

上斜方肌

背闊肌

臀大肌

膕旁肌：
股二頭肌
半膜肌
半腱肌

腓腸肌
比目魚肌

奧林匹克舉重

操作步驟

1. 身體挺直站立，雙腳與髖部同寬；握住槓鈴，並且使它位於髖部前方，雙手比肩膀稍寬。

2. 肩膀往後，轉動手腕，讓膝蓋些微彎曲。髖部往後進行鉸鏈動作，槓鈴沿著大腿下滑，直到槓鈴約略高於膝蓋，且胸部位在槓鈴的上方。

3. 保持槓鈴貼近身體，向上跳躍、聳肩，並將槓向上拉。手肘往外且往天花板靠近。當槓到達胸部位置的高度時，深蹲使身體位於槓下方，肘部往前，並以四分之一蹲的姿勢完成這個動作。

4. 以有控制的方式，把槓往下放回到原來的位置。重複上述步驟，執行課表安排的次數。

參與肌肉

主要

- 上斜方肌（Upper trapezius）
- 豎脊肌（髂肋肌、最長肌、棘肌）（Erector spinae (iliocostalis, longissimus, spinalis)）
- 背闊肌（Latissimus dorsi）
- 臀大肌（Gluteus maximus）
- 比目魚肌（Soleus）
- 腓腸肌（Gastrocnemius）
- 後三角肌（Posterior deltoid）

次要

- 膕旁肌（半腱肌、半膜肌、股二頭肌）（Hamstrings (semitendinosus, semimembranosus, biceps femoris)）
- 股四頭肌（股直肌、股外側肌、股內側肌、股中間肌）（Quadriceps (rectus femoris, vastus lateralis, vastus medialis, vastus intermedius)）

‖ 重點功能 ‖

　　將奧林匹克舉重放進訓練課表的目的，是為了發展全身爆發力。增強垂直跳躍力的關鍵在於提高快速產生高水平垂直力量的能力。槓鈴上搏與抓舉可以鍛鍊用於垂直推力的肌肉與動作模式，因此它們是提升垂直跳躍極佳的訓練選擇。

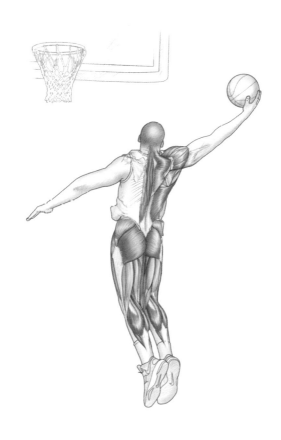

☞ 變化式

槓鈴懸垂式抓舉 Barbell Hang Snatch

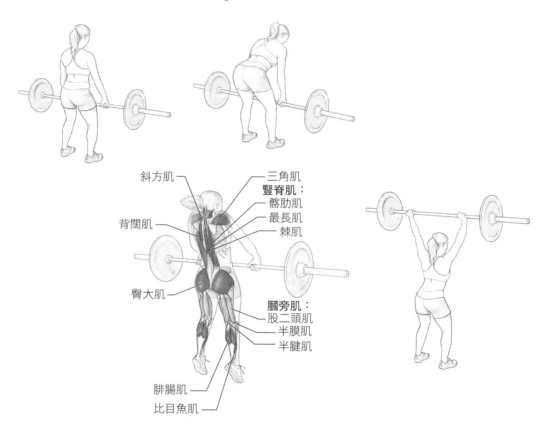

斜方肌

三角肌

豎脊肌：
髂肋肌
最長肌
棘肌

背闊肌

臀大肌

膕旁肌：
股二頭肌
半膜肌
半腱肌

腓腸肌

比目魚肌

　　身體挺直站立，雙腳與髖部同寬；握住槓鈴，使其位於大腿前方，雙手與肩膀同寬。肩膀往後，轉動手腕，並讓膝蓋些微彎曲。髖部往後進行鉸鏈動作，槓鈴沿著大腿下滑，直到槓鈴約略高於膝蓋，且胸部在槓鈴的上方。

　　保持槓鈴貼近身體，向上跳躍、聳肩，並將槓向上推至頭部上方。手肘往外並以四分之一過頭蹲的姿勢完成這個動作。以有控制的方式，把槓往下放回到原來的位置。重複上述步驟，執行課表安排的次數。

壺鈴擺盪
KETTLEBELL SWING

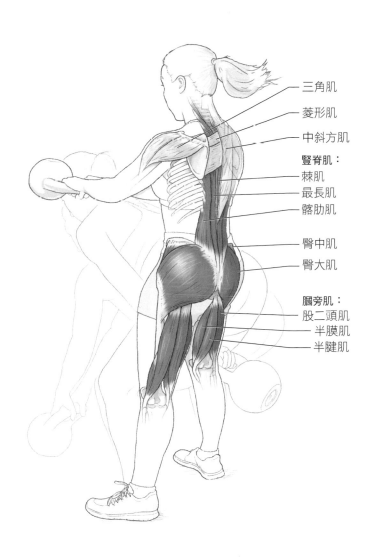

三角肌

菱形肌

中斜方肌

豎脊肌：
棘肌
最長肌
髂肋肌

臀中肌

臀大肌

膕旁肌：
股二頭肌
半膜肌
半腱肌

發展爆發力的替代方法

操作步驟

1. 身體挺立站直，距離在壺鈴後方約90公分處。往下進行髖關節鉸鍊，膝蓋彎曲且髖部往後推。肩膀的位置應該在髖部上方些微傾斜處。

2. 手臂完全向前伸展，雙手握住壺鈴。把壺鈴往後帶至髖部下方，同時保持脊椎中立。

3. 用力伸展髖部，膝蓋伸直且肩膀前屈，帶動壺鈴方向反轉向前。

4. 手臂到達胸部高度且與地面平行時停止動作。反轉動作，重複上述步驟，執行課表安排的次數，最後再將壺鈴安全地放置到前方的地面上。

參與肌肉

主要

- 臀大肌（Gluteus maximus）
- 臀中肌（Gluteus medius）
- 膕旁肌（半腱肌、半膜肌、股二頭肌）（Hamstrings (semitendinosus, semimembranosus, biceps femoris)）
- 豎脊肌（髂肋肌、最長肌、棘肌）（Erector spinae (iliocostalis, longissimus, spinalis)）

次要

- 菱形肌（Rhomboids）
- 中斜方肌（Middle trapezius）
- 三角肌（Deltoids）

‖ 重點功能 ‖

　　壺鈴擺盪是一個強大的工具，可發展髖關節伸展的爆發力，這項能力常用於棒球、網球與高爾夫球等這類運動。在所有旋轉爆發力的運動中，運動員需要在擊球點之前，快速地將骨盆由前傾的姿勢旋轉成後傾姿勢，才能產生有力的臀部伸展，進而將下半身的力量轉換成擺動動作。使用夠重的壺鈴進行擺盪訓練可以發展臀部與骨盆的爆發力，讓你得到高水平的旋轉爆發力。

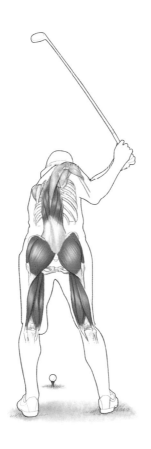

發展爆發力的替代方法

啞鈴抓舉
DUMBBELL SNATCH

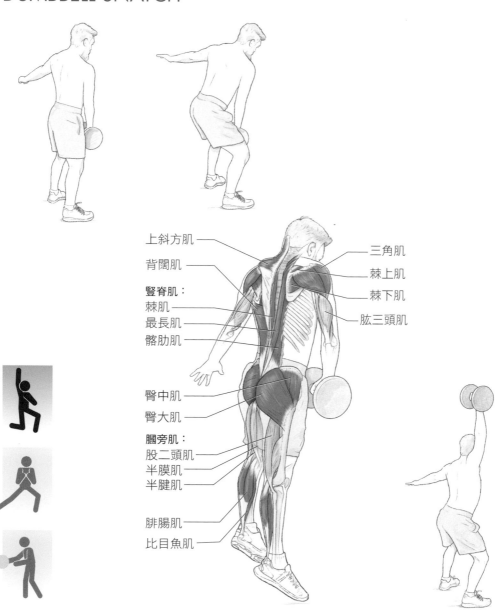

上斜方肌

背闊肌

豎脊肌：
棘肌
最長肌
髂肋肌

臀中肌

臀大肌

膕旁肌：
股二頭肌
半膜肌
半腱肌

腓腸肌

比目魚肌

三角肌

棘上肌

棘下肌

肱三頭肌

操作步驟

1. 以運動員姿勢站立，雙腳與肩同寬且膝蓋微彎。單手握住啞鈴，置於身體前方兩膝之間，手往內旋朝向身體。

2. 保持啞鈴貼近身體，向上跳躍並聳肩，用力將啞鈴上推過頭。

3. 結束姿勢為手腕與手肘伸直將啞鈴過頭推，下半身四分之一蹲。

參與肌肉

主要

- 臀中肌（Gluteus medius）
- 臀大肌（Gluteus maximus）
- 豎脊肌（髂肋肌、最長肌、棘肌）（Erector spinae (iliocostalis, longissimus, spinalis)）
- 腓腸肌（Gastrocnemius）
- 比目魚肌（Soleus）
- 三角肌（Deltoid）
- 上斜方肌（Upper trapezius）
- 棘下肌（Infraspinatus）
- 棘上肌（Supraspinatus）
- 背闊肌（Latissimus dorsi）

次要

- 肱三頭肌（Triceps brachii）
- 膕旁肌（半腱肌、半膜肌、股二頭肌）（Hamstrings (semitendinosus, semimembranosus, biceps femoris)）

‖ 重點功能 ‖

　　對年輕運動員或訓練時間較短的運動員來說，啞鈴抓舉是發展全身爆發力的極佳工具。啞鈴抓舉的學習曲線很快，器材要求也很低，只需要一顆啞鈴。啞鈴抓舉能發展全身爆發力，訓練運動員透過髖部、膝蓋與腳踝產生三重伸展，在啞鈴上推過頭時，將這力量一直傳遞至上背與肩膀。啞鈴抓舉還有個附加好處，在動作結束時將啞鈴減速，能發展肩帶肌群的動態穩定性。

推雪橇
SLED MARCH

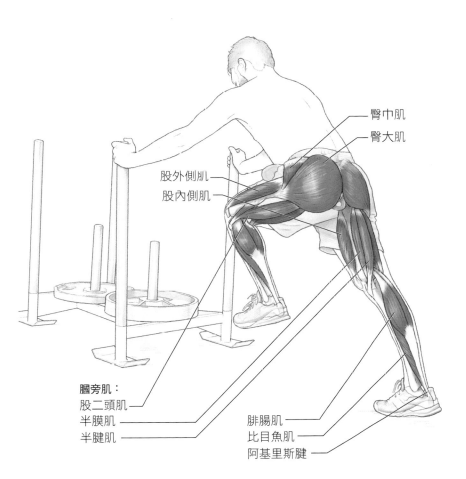

臀中肌

臀大肌

股外側肌

股內側肌

膕旁肌：
股二頭肌
半膜肌
半腱肌

腓腸肌
比目魚肌
阿基里斯腱

發展爆發力的替代方法

操作步驟

1. 幫雪橇加載負重，其重量要讓你能夠連續穩定地推動，並且不會感到不適。雙手握住握把，手臂伸直，身體呈45度角斜靠在雪橇上。

2. 往前行走以推動雪橇，一腳膝蓋往前抬高，另一腳踩在重心後方的地面上。保持腳踝足背屈並以連續前進的節奏完成課表安排的距離長度。

參與肌肉

主要

- 臀大肌（Gluteus maximus）
- 臀中肌（Gluteus medius）
- 股直肌（Rectus femoris）
- 股內側肌（Vastus medialis）
- 股外側肌（Vastus lateralis）
- 膕旁肌（半腱肌、半膜肌、股二頭肌）（Hamstrings (semitendinosus, semimembranosus, biceps femoris)）
- 腓腸肌（Gastrocnemius）
- 比目魚肌（Soleus）

次要

- 內收大肌（Adductor magnus）
- 屈足拇短肌（Flexor hallucis brevis）
- 屈趾短肌（Flexor digitorum brevis）
- 阿基里斯腱（Achilles tendon）

‖ 重點功能 ‖

　　衝刺在加速階段是動態活塞式的動作，需要運動員將力量自髖部經膕旁肌傳到小腿與腳掌。雖然傳統的重訓室就可以發展一般的肌力與爆發力，但推雪橇的特有模式，能轉換成賽場上衝刺的高水準表現。加速能力取決於髖伸展的爆發力，以及膕旁肌與足底屈曲，前者與臀肌相關，後者則是來自腓腸肌和比目魚肌，而這些肌肉在推雪橇中都會訓練到。

第 6 章

上肢肌力訓練

UPPER-BODY STRENGTH EXERCISES

上肢肌力的發展，特別是肩帶周圍的肌肉，對於提升運動表現與降低傷害特別重要。在傳統健美式的訓練中，為了符合其審美觀，過於強調肌肥大與單關節訓練。這種訓練方式雖然能夠發展健美，卻無法轉換成功能性運動表現。

發展上肢的肌力與爆發力的功能性訓練課表，應該考慮從胸部至盂肱關節和肩胛胸廓關節所有肌肉的功能。複合肩關節的設計提供了極大的活動度，在上肢動態的動作，像是投擲、打擊、擺動、推和拉，需要肩關節周圍所有肌肉複雜的共同活化作用，才能得到安全有效率且協調的動作。圖6.1所示的旋轉肌群（棘下肌、棘上肌、肩胛下肌、小圓肌）與肩胛骨肌肉穩定組織，對運動時穩定肱骨和肩胛骨非常重要。

幾乎所有的競技運動都需要大量強調上肢的動態動作。揮動網球拍、投棒球、阻截對手以及為衝擊做好準備，都需要盂肱關節和肩胛胸廓關節極高的活動度與穩定度。

投球的動作需要肱骨以每秒高達7500度的角速度旋轉，同時還要極度外旋。投擲之後，為了讓肩膀有效減速，肩膀後方肌群需要發展大量的離心肌力，特別是背闊肌、棘下肌、小圓肌、菱形肌和下斜方肌（圖6.1）。在本章後面討論的啞鈴划船，這種拉的動作對於發展後方的穩定肌肉組織特別有效，而這個肌肉組織對於完成投擲動作，以及保護肩膀的健康是不可或缺的。

在網球賽中用力揮動球拍，或是在拳擊賽中給予對手一拳，需要肩胛骨前伸以及肱骨屈曲與外展的大量肌力。在本章將討論的伏地挺身與上斜啞鈴臥推這類運動，對發展用於打擊與擺動的肌肉，如前鋸肌、前三角肌、胸大肌和肱三頭肌特別有幫助。

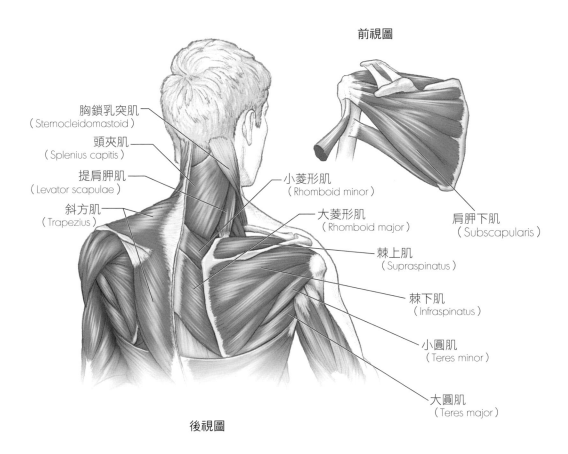

前視圖

胸鎖乳突肌
（Sternocleidomastoid）

頭夾肌
（Splenius capitis）

提肩胛肌
（Levator scapulae）

斜方肌
（Trapezius）

小菱形肌
（Rhomboid minor）

大菱形肌
（Rhomboid major）

肩胛下肌
（Subscapularis）

棘上肌
（Supraspinatus）

棘下肌
（Infraspinatus）

小圓肌
（Teres minor）

大圓肌
（Teres major）

後視圖

圖 6.1　旋轉肌群與肩胛骨穩定肌肉組織。發展這些肌肉對投擲與接觸性運動員的肩膀健康與運動表現極為重要。

課表目標：肩膀的健康

　　由於受到健美和舉重的影響，許多傳統的課表會非常重視上推訓練，像是伏地挺身與臥推，而忽略引體向上和划船這類拉的訓練。這項錯誤會讓運動員面臨上半身受傷的風險。一個平衡的功能性訓練課表應該給予垂直與水平推拉訓練相同的時間，來發展肩膀周圍的所有肌肉。

　　為了確保課表內容的平衡，可以將上肢的肌力訓練分成四大類。

1. **水平推**：伏地挺身、槓鈴臥推、上斜啞鈴臥推
2. **垂直推**：單跪姿壺鈴交替過頭肩推
3. **水平拉**：啞鈴划船
4. **垂直拉**：正手與反手引體向上

上肢肌力

伏地挺身
PUSH-UP

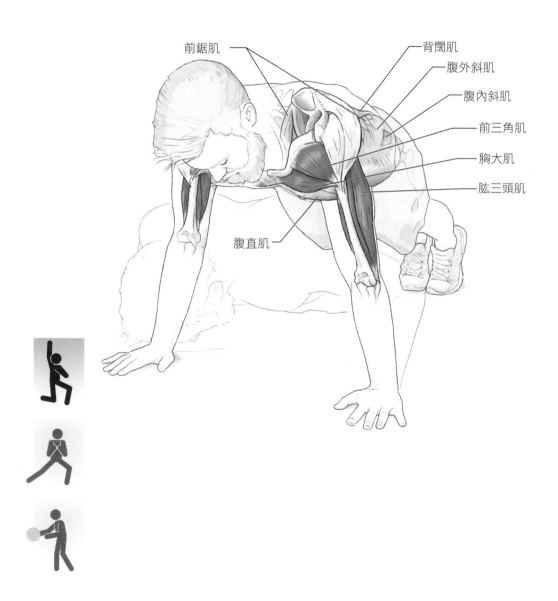

前鋸肌

背闊肌

腹外斜肌

腹內斜肌

前三角肌

胸大肌

肱三頭肌

腹直肌

操作步驟

1. 以伏地挺身的姿勢支撐住,將身體撐離地面。臉朝下,雙腳併攏,且雙手比肩膀稍寬。你的頭部、胸椎和骶骨要維持一直線。

2. 有控制地讓自己慢慢往下靠近地面,直到距離地板約3英寸(7.6公分)。在最下方底部位置時,上手臂肱骨應該從身體中線外展約45度。

3. 用力自地面撐起,同時透過軀幹讓身體從頭到腳呈一直線。到達最上方頂部位置時,手臂完全定住。重複上述步驟,完成課表安排的次數。

參與肌肉

主要

- 胸大肌(Pectoralis major)
- 肱三頭肌(Triceps brachii)
- 前三角肌(Anterior deltoid)

次要

- 棘下肌(Infraspinatus)
- 小圓肌(Teres minor)
- 背闊肌(Latissimus dorsi)
- 前鋸肌(Serratus anterior)
- 腹直肌(Rectus abdominis)
- 內斜肌和外斜肌(Internal and external obliques)

上
肢
肌
力

‖ 重點功能 ‖

　　在擺動、打擊和投擲時產生爆發力的肌肉，是伏地挺身訓練的目標。由於伏地挺身的閉鎖式動力鏈性質，肩關節可以自由活動，槓鈴臥推這類的訓練就無法做到，因為肩關節會固定在椅凳上。這項訓練除了能發展主要參與肌肉，像是胸大肌、前三角肌、背闊肌和肱三頭肌，也因為肩胛骨的自然動作，而能發展盂肱與肩胛骨的肌肉穩定組織，像是前鋸肌、棘下肌和小圓肌。

單跪姿壺鈴交替過頭肩推
HALF-KNEELING ALTERNATING KETTLEBELL OVERHEAD PRESS

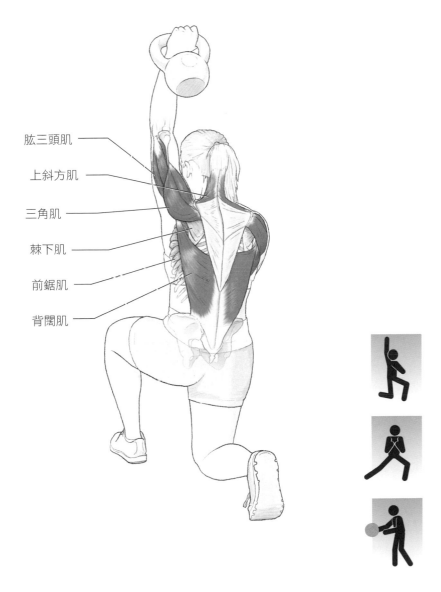

肱三頭肌

上斜方肌

三角肌

棘下肌

前鋸肌

背闊肌

操作步驟

1. 身體呈單跪姿且後方腳踝背屈，壺鈴以架式置於胸前。

2. 軀幹維持穩定，一隻手臂上推過頭，在到達最高位置時完全定住。

3. 慢慢放低壺鈴回到原來的位置，另一隻手臂重複相同動作。持續交替，直到完成課表安排的次數。每組交替跪姿。

參與肌肉

主要
- 三角肌（Deltoid）
- 上斜方肌（Upper trapezius）
- 肱三頭肌（Triceps brachii）
- 背闊肌（Latissimus dorsi）

次要
- 棘下肌（Infraspinatus）
- 肩胛下肌（Subscapularis）
- 前鋸肌（Serratus anterior）

‖ 重點功能 ‖

　　單跪姿壺鈴交替過頭肩推可以鍛鍊前三角肌、肱三頭肌以及背闊肌、上斜方肌、棘下肌和肩胛下肌。這些肌肉對產生垂直方向的力量特別重要，在棒球和排球這類運動中，投籃、發球與傳球通常會高於頭部。以過頭姿勢發展這些肌肉，不僅能發展特定運動項目需要的肌力，同時也能提升盂肱在高於頭部時的穩定度。

槓鈴臥推
BARBELL BENCH PRESS

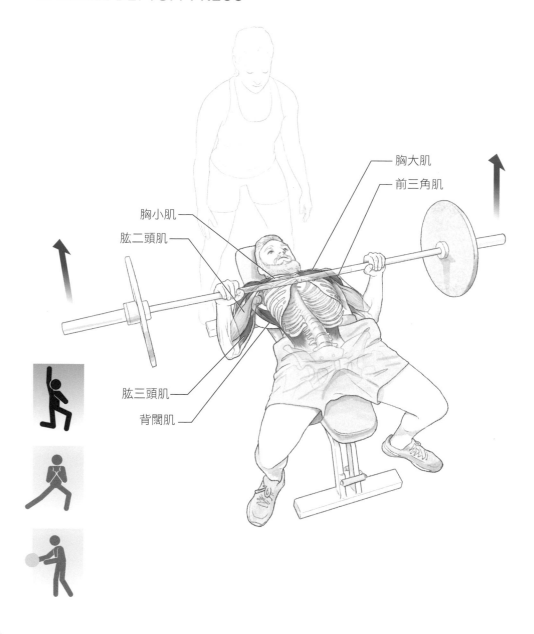

胸大肌

前三角肌

胸小肌

肱二頭肌

肱三頭肌

背闊肌

操作步驟

1. 仰臥在臥推椅或長凳上，雙腳牢牢踩在地上。雙手抓住槓鈴，位置比肩膀往外一些，將槓鈴自架子上取下，讓它位於肩膀的正上方。

2. 主動外旋肩膀同時緊握住槓，讓肩帶產生張力。慢慢降低槓直到它接觸到胸部的最高點。

3. 用力將槓往上推，到達最高位置時手臂完全定住。重複上述步驟以執行課表安排的次數，結束後將槓放回架子上。

參與肌肉

主要

- 胸大肌（Pectoralis major）
- 前三角肌（Anterior deltoid）
- 肱三頭肌（Triceps brachii）
- 背闊肌（Latissimus dorsi）

次要

- 胸小肌（Pectoralis minor）
- 肱二頭肌（Biceps brachii）

‖ 重點功能 ‖

臥推是使上身肌肥大的有效工具，在曲棍球和美式足球這類的碰撞運動中，能為身體帶來保護。此外，臥推能夠訓練碰撞運動裡開始接觸時參與的肌肉。不論是干擾球員或在爭球線上阻止對手，都需要胸大肌、胸小肌、三角肌和三頭肌這些肌群大量的肌力。

上斜啞鈴臥推
INCLINE DUMBBELL BENCH PRESS

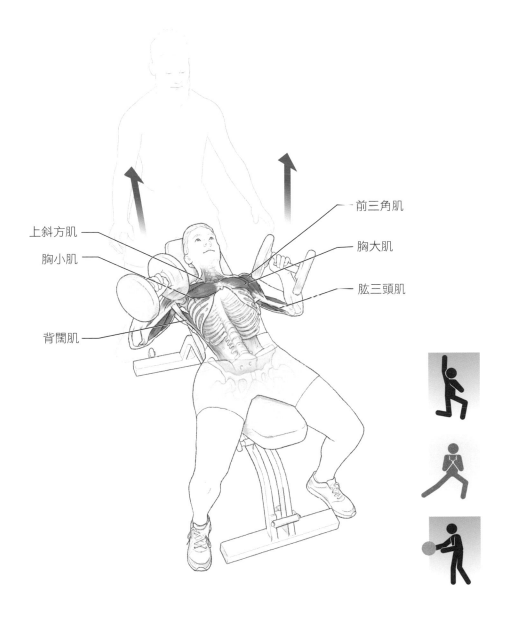

前三角肌

胸大肌

肱三頭肌

上斜方肌

胸小肌

背闊肌

上肢肌力

操作步驟

1. 躺在傾斜約20度的臥推椅或長凳上。訓練過程中，雙腳要一直牢牢地踩在地上。啞鈴高舉過頭，你的肘部會伸直，且啞鈴直接位於肩膀上方。

2. 慢慢放低啞鈴直到它們位於肩膀外側且大約在胸部上方15公分處。再將啞鈴用力上推，直到手臂定住。

3. 在整個訓練過程中，臀部要保持在臥推椅上且雙腳需牢牢地踩在地上。

參與肌肉

主要
- 前三角肌（Anterior deltoid）
- 胸大肌（Pectoralis major）
- 肱三頭肌（Triceps brachii）

次要
- 胸小肌（Pectoralis minor）
- 背闊肌（Latissimus dorsi）
- 上斜方肌（Upper trapezius）

‖ 重點功能 ‖

　　課表中應安排上斜啞鈴臥推，來發展上胸、肩膀以及手臂的肌力和爆發力。這幾處所發展的肌力，能在接觸性運動中轉換成場上的爆發力，像是曲棍球、足球、袋棍球、籃球以及拳擊。在干擾或阻止對手時，能否給予對手有力的一擊，取決於運動員上肢的肌力發展。

反手引體向上
CHIN-UP

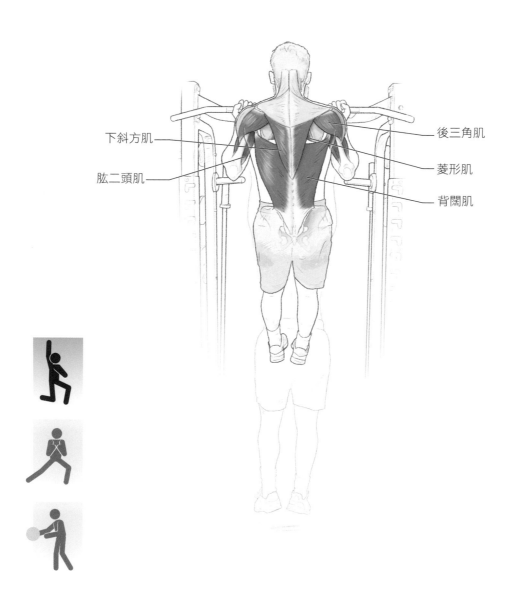

下斜方肌

肱二頭肌

後三角肌

菱形肌

背闊肌

操作步驟

1. 雙手以反手方式（手掌朝向身體）握緊單槓，身體完全懸掛，雙腳離地。

2. 用力將身體上拉，直到鎖骨的位置高過單槓，從頭到腳保持一直線，且軀幹沒有抖動或踢腳。

3. 慢慢讓身體降低回原來的位置，直到手臂伸直。重複上述步驟以完成課表安排的次數。

參與肌肉

主要

- 背闊肌（Latissimus dorsi）
- 肱二頭肌（Biceps brachii）
- 菱形肌（Rhomboids）
- 後三角肌（Posterior deltoid）
- 下斜方肌（Lower trapezius）

次要

- 腹直肌（Rectus abdominis）
- 肱肌（Brachialis）
- 肱橈肌（Brachioradialis）
- 旋前圓肌（Pronator teres）
- 橈側屈腕肌（Flexor carpi radialis）
- 屈指淺肌（Flexor digitorum superficialis）

☞ 變化式

正手引體向上 Pull-Up

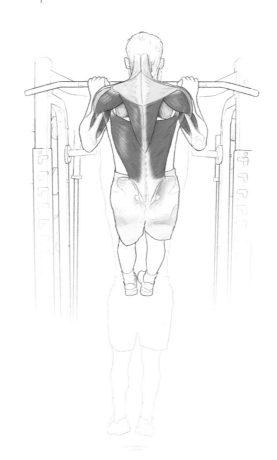

　　雙手以正手方式（手掌朝外）握緊單槓，且距離比肩膀稍寬，身體完全懸掛，
雙腳離地。因為手高舉過頭，肩膀完全屈曲且手肘完全伸直。接著用力將身體上
拉，直到鎖骨的位置高過單槓，從頭到腳保持一直線，且軀幹沒有抖動或踢腳。慢
慢讓身體降低回原來的位置，直到手臂伸直。重複上述步驟以完成課表安排的次數。

啞鈴划船
DUMBBELL ROW

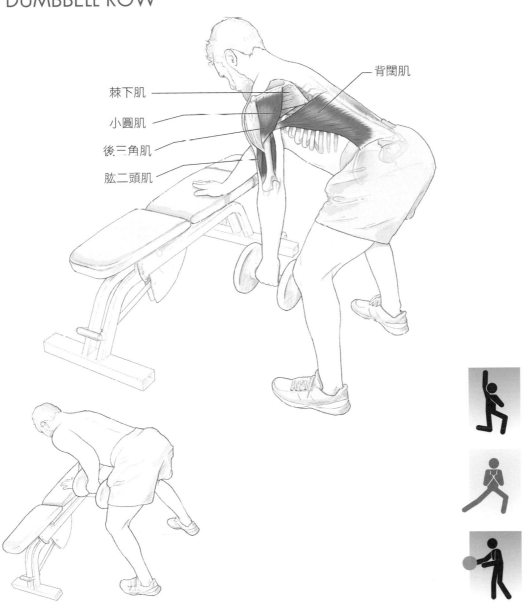

背闊肌

棘下肌

小圓肌

後三角肌

肱二頭肌

上
肢
肌
力

操作步驟

1. 站在距離長凳約90公分處，雙腳打開比肩膀稍寬，膝蓋微彎。進行髖鉸鏈動作，將一隻手放在長凳上，同時保持背部平坦。
2. 另一隻手抓住啞鈴，且將啞鈴朝身體方向往上划，直到它位於肋骨外側。
3. 慢慢放低啞鈴，讓它回到原來的位置，同時保持脊椎中立。

參與肌肉

主要

- 背闊肌（Latissimus dorsi）
- 後三角肌（Posterior deltoid）
- 肱二頭肌（Biceps brachii）

次要

- 小圓肌（Teres minor）
- 棘下肌（Infraspinatus）
- 肱橈肌（Brachioradialis）

‖ 重點功能 ‖

啞鈴划船鍛鍊肩膀後方部位、背部上方與中段的肌肉組織（特別是後三角肌）、背闊肌、菱形肌，以及相關程度較低的二頭肌和旋轉肌群。這些肌肉能為肩帶與肩胛骨複合體提供穩定度，保護關節免於不穩定，並提供強健的基礎，來抵抗接觸時的擠壓並給予需要的支撐。背部與肩膀後方的肌肉整體，對於投擲還有過頭打擊後肱骨以及肩關節的減速很重要，它們也能協助保護盂肱囊關節和旋轉肌群整體。

第 7 章
下肢肌力訓練
LOWER-BODY STRENGTH EXERCISES

　　不用懷疑，重訓室裡能獲得最珍貴的財富，就是下肢的肌力，它可以讓你在競技運動中提升運動表現，同時降低受傷的風險。全身力量的產生永遠都是從腳開始。不管是衝刺中要超越對手、跳躍上籃或者是揮動球棒，力量都是從推入地面產生，再傳遞至身體其他部位。在這個世界上，所有運動都能從發展下肢肌力獲得好處。

　　下面這個簡單的物理公式，說明運動員跑得更快或是跳得更高的能力跟什麼相關。運動員推入地面的力量越大，就能移動得更遠，速度也更快。公式如下：

$$力＝質量 \times 加速度$$

　　運動員用力觸地，在垂直或水平方向加速身體，這項能力與下肢肌力有極大關係。眾所皆知，幾乎所有的競技運動中，速度是最終優勢。因此，下肢的肌力訓練在功能性訓練課表中，應優先於其他項目。

　　即使是長跑這類的耐力運動，也能因下肢肌力訓練受益良多。研究顯示下肢肌力訓練可以大幅提升跑步經濟性，並減少跑步相關的傷害，像是骨關節炎、足底筋膜炎、應力性骨折和大腿後側拉傷。

髖主導與膝主導動作

在規畫功能性訓練課表時，將下肢肌力訓練區分成髖主導或膝主導會很有幫助。下肢肌力訓練劃分為這兩個類別，可以確保課表簡潔且平衡。

膝主導的訓練像是高腳杯式深蹲、分腿蹲變化式以及單腳蹲，主要鍛鍊前膝的伸展肌群，如股直肌、股內側肌和股外側肌，次要才是鍛鍊臀肌和膕旁肌。

髖主導的訓練像是硬舉與橋式，則是著重在後鏈肌群，特別是臀肌和膕旁肌。

單邊與雙邊下肢訓練

除了將下肢肌力訓練分為髖主導與膝主導的動作之外，你還可以進一步將它們分為單邊與雙邊運動。傳統著重健美和舉重的訓練方法，比較強調發展肌肉力量與肌肥大的雙邊動作，像是背蹲舉和槓鈴硬舉。然而這些方法雖然對於競技舉重有幫助，但對包含跑步、跳躍以及快速轉換方向的運動項目，卻是幾乎沒有影響力。但在一份完整的功能性訓練課表裡，雙邊訓練仍是不可或缺的，尤其對初學者而言。高腳杯式深蹲就是用來發展基礎下肢肌力很好的入門訓練項目，而六角槓硬舉也是發展前鏈肌群肌力與肌肥大的極佳工具。

下肢功能性肌力訓練著重於單邊訓練

打造功能性訓練課表時，我們應該思考運動是如何挑戰身體的，由此尋求以相似方式挑戰身體的訓練，將它們放進課表中。在結構和神經學上，人類是單側主導的生物，被設計成一次使用一肢的對側模式移動。選擇與人體設計一致的訓練策略，才是有用且高效率的課表。

記住，下肢肌力訓練的課表中應該以單邊訓練為主，因為它能高度回應運動場上的需求，同時能保護脊椎免於過度的負荷。進行競技運動時，通常一次只會用到一條

腿，訓練方式應該要能反映這些需求，才能確保訓練成果能高度轉換成場上的表現。當你從雙腳站姿變成單腳站姿時，下肢肌肉的功能需求也會完全改變。雙腳站立時，因為站姿平衡的特性，額狀面與水平面的穩定肌肉組織不需要太積極地活動。相反地，當你將一隻腳從地面移開，身體就被迫要徵召更多的內外側穩定肌群，才能在額狀面與水平面保持對齊。在單腳站姿中，內外腹部、臀部與小腿的肌肉，必須一起活化工作，來維持軀幹、骨盆、股骨與小腿的位置。

　　現在我們很清楚，為什麼單邊訓練對於降低競技運動中的傷害如此重要。單邊訓練像是單腳蹲還有單腳硬舉，可以發展骨盆、股骨、脛骨和足部在單腳站姿的控制，有助於保護膝蓋和腳踝經常受傷的韌帶和肌腱。

高腳杯式深蹲
GOBLET SQUAT

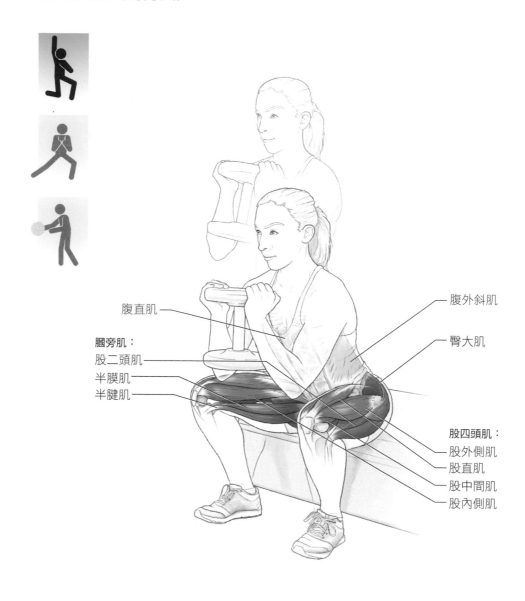

腹直肌

膕旁肌：
股二頭肌
半膜肌
半腱肌

腹外斜肌

臀大肌

股四頭肌：
股外側肌
股直肌
股中間肌
股內側肌

操作步驟

1. 身體站立，雙腳比肩膀稍寬，腳趾朝向前方。雙手握住壺鈴或啞鈴，將它靠在胸前，且手肘緊靠身體。

2. 肋骨下沉來收緊核心，骨盆稍微後傾，雙腳主動向外旋轉，像是轉入地面一樣，這能讓髖部產生張力。

3. 在有控制的情況下慢慢降低身體，膝蓋往前直到股骨平行地面。接著反向動作往上推，保持胸部向上且背部平坦。

4. 重複上述步驟，完成課表安排的次數。

參與肌肉

主要

- 股四頭肌（股直肌、股外側肌、股內側肌、股中間肌）（Quadriceps (rectus femoris, vastus lateralis, vastus medialis, vastus intermedius)）
- 臀大肌（Gluteus maximus）
- 膕旁肌（半腱肌、半膜肌、股二頭肌）（Hamstrings (semitendinosus, semimembranosus, biceps femoris)）

次要

- 腹直肌（Rectus abdominis）
- 腹外斜肌（External oblique）

‖ 重點功能 ‖

　　高腳杯式深蹲應該是發展下肢雙邊膝主導肌力的第一選擇。相較於傳統的背蹲舉，這種深蹲的變化式容易學習，受傷風險也比較低。將啞鈴握在胸前，能讓運動員保持軀幹垂直，同時有助於發展腹直肌與腹外斜肌的核心肌力，此外也能鍛鍊股四頭肌、臀大肌和膕旁肌。發展雙邊膝主導肌力能夠很好地轉換成跳躍這種雙邊動作，並做為初學者發展單邊肌力或運動員傷後復健的基礎。

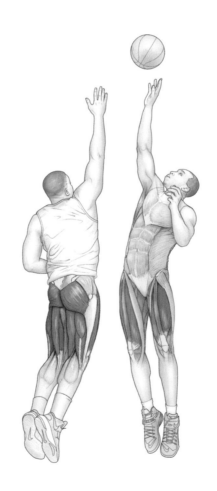

後腳抬高蹲
REAR FOOT ELEVATED SPLIT SQUAT

內收大肌

臀大肌
臀中肌

膕旁肌：
半膜肌
半腱肌
股二頭肌

股四頭肌：
股直肌
股內側肌
股外側肌
股中間肌

膝主導

操作步驟

1. 兩手各握一副啞鈴，雙腳站立，在身體後方約60公分處，垂直擺放長凳或分腿蹲訓練架。一條腿向後伸，將腳背放在長凳或訓練架上。

2. 上半身保持直立，控制前腳來慢慢降低身體。維持前膝在髖部前方，並朝向腳掌方向。

3. 動作最後讓膝蓋輕觸地板，然後將自己用力向上推起，回到原來的位置。重複上述步驟，完成課表安排的次數。

參與肌肉

主要

- 股四頭肌（股直肌、股外側肌、股內側肌、股中間肌）（Quadriceps (rectus femoris, vastus lateralis, vastus medialis, vastus intermedius)）

- 臀大肌（Gluteus maximus）

- 內收大肌（Adductor magnus）

次要

- 膕旁肌（半腱肌、半膜肌、股二頭肌）（Hamstrings (semitendinosus, semimembranosus, biceps femoris)）

- 臀中肌（Gluteus medius）

‖ 重點功能 ‖

　　後腳抬高蹲這種高負重的單邊膝主導訓練，應該做為發展下肢功能性肌力以提高運動表現的主要方式。衝刺、蹦跳、減速以及變換方向，都高度依賴功能性單邊肌力，而傳統的雙邊訓練是無法發展出單邊肌力的。此外，使用啞鈴進行單邊訓練，而不是在脊椎上負重槓鈴進行雙邊訓練，能保護運動員的脊椎，降低脊椎受傷的風險。

☞ 變化式

雙手持啞鈴分腿蹲 Two-Dumbbell Loaded Split Squat

　　身體呈單跪姿，右膝著地且左腳在前，右膝應該在右髖正下方，左膝在左腳掌中間正上方。兩手於身體兩側各持一副啞鈴。左腳跟推入地面，把自己向上推起，直到左腳完全伸展。接著回到底部的位置，右膝輕觸地面，然後換邊再重複上述步驟。

　　分腿蹲是後腳抬高蹲的退階動作，它讓運動員的重量更均勻地分布在兩腿之間。這項訓練的前腳負重減少，對初學者來說比較簡單，因為他們可能尚未發展足夠的肌力，或是在後腳抬高蹲時不易取得平衡。

單腳蹲
SINGLE-LEG SQUAT

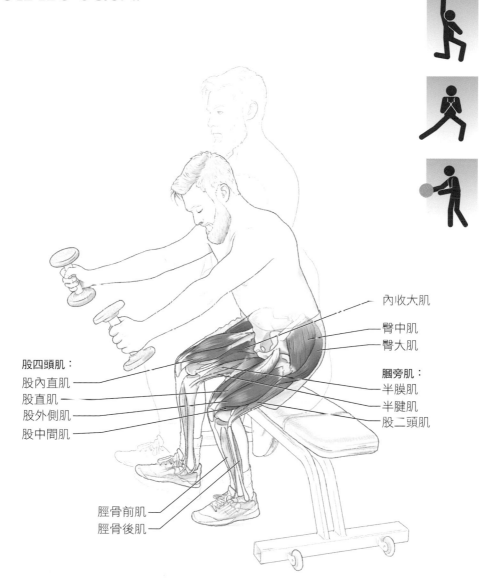

股四頭肌：
股內直肌
股直肌
股外側肌
股中間肌

脛骨前肌
脛骨後肌

內收大肌
臀中肌
臀大肌

膕旁肌：
半膜肌
半腱肌
股二頭肌

膝
主
導

操作步驟

1. 背對站在臥推椅或約46公分高的箱子前方，兩手各拿一個五磅（2.27公斤）啞鈴。

2. 將啞鈴向前向上舉起，同時將一隻腳自地面抬起且慢慢地往椅子蹲下。

3. 臀部輕觸椅子，然後回到原來的位置，要注意避免以彈跳的方式進行。在整個動作過程中，要專注於保持髖部、膝蓋和腳掌的對齊。

4. 重複上述步驟，完成課表安排的次數。接著換邊進行。

參與肌肉

主要

● 股四頭肌（股直肌、股外側肌、股內側肌、股中間肌）（Quadriceps (rectus femoris, vastus lateralis, vastus medialis, vastus intermedius)）

● 臀大肌（Gluteus maximus）

● 臀中肌（Gluteus medius）

● 內收大肌（Adductor magnus）

次要

● 膕旁肌（半腱肌、半膜肌、股二頭肌）（Hamstrings (semitendinosus, semimembranosus, biceps femoris)）

● 脛骨前肌（Anterior tibialis）

● 脛骨後肌（Posterior tibialis）

‖ 重點功能 ‖

單腳在多平面上的肌力與穩定度是運動表現的基礎。在場上，運動員需要不斷地穩定腳掌、腳踝、脛骨、股骨和骨盆，來抵抗所有方向的變力。單腳蹲是重訓室裡最接近的表現，能模擬下肢在場上所經歷的壓力來源。當你在運動中以單腳站立時，外側臀肌、膕旁肌、髖內收肌和股四頭肌被迫共同收縮，來維持股骨的穩定，這跟它們在單腳蹲時所經歷的一樣。單腳蹲所發展的肌力與控制能力，能直接加強下肢受傷（比如前交叉韌帶斷裂）的保護作用。

高腳杯式側蹲
GOBLET LOADED LATERAL SQUAT

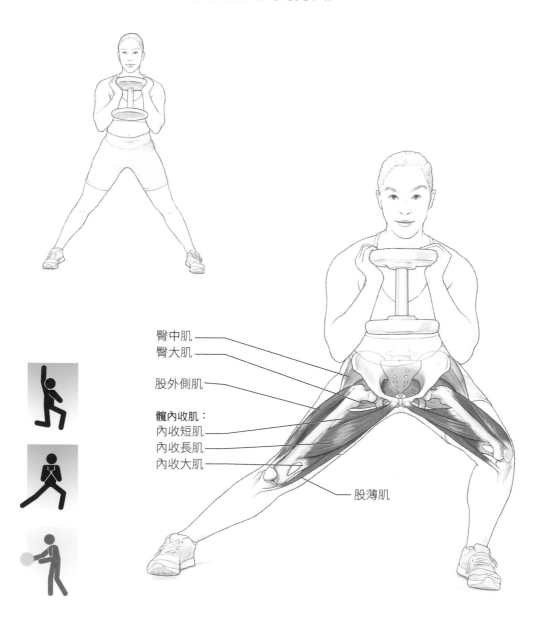

臀中肌
臀大肌

股外側肌

髖內收肌：
內收短肌
內收長肌
內收大肌

股薄肌

<table>
<tr><td>操作步驟</td><td>

1. 挺直站立，且雙腿盡可能分開，膝蓋伸直，兩腳平放，腳趾指向前方。兩手垂直握住啞鈴且將它靠在胸前。

2. 往左側下蹲，保持右側膝蓋伸直。盡可能地下蹲，同時保持背部平坦與右腿伸直。

3. 使用臀肌與膕旁肌將自己往上推，回到原來的位置。然後換邊進行，重複上述步驟。兩邊交替進行，直到完成課表安排的次數。

</td></tr>
</table>

| 參與肌肉 | 主要 | 次要 |

主要

- 髖內收肌（內收長肌、內收大肌、內收短肌）（Hip adductors (adductor longus, adductor magnus, adductor brevis)）
- 股薄肌（Gracilis）
- 股外側肌（Vastus lateralis）
- 股內側肌（Vastus medialis）
- 股直肌（Rectus femoris）

次要

- 臀大肌（Gluteus maximus）
- 臀中肌（Gluteus medius）

膝
主
導

‖ 重點功能 ‖

　　高腳杯式側蹲對發展下肢額狀面的肌肉組織，尤其是髖內收肌群非常有幫助。在足球、籃球、曲棍球和美式足球這類運動中，常要切入與變換方向，內收肌群常會派上用場。內收肌群衰弱或鍛鍊不足，會導致肌肉有受傷的風險。側蹲訓練時，你可以在內收肌群伸長或縮短時添加離心負重，也可以訓練臀中肌和側髖穩定肌肉組織在額狀面產生力量與平衡。

單腳硬舉
SINGLE-LEG DEADLIFT

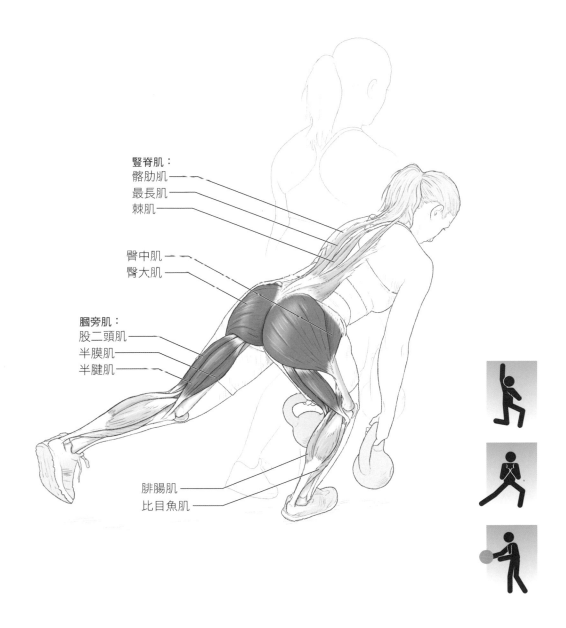

豎脊肌：
髂肋肌
最長肌
棘肌

臀中肌
臀大肌

膕旁肌：
股二頭肌
半膜肌
半腱肌

腓腸肌
比目魚肌

髖
主
導

操作步驟

1. 挺直站立，雙腳併攏，兩手各拿一個壺鈴或啞鈴。左腳抬離地面，並進行髖鉸鏈動作，身體朝地面向下傾斜。進行髖鉸鏈時，輕輕彎曲左膝，不必鎖定伸直它。主動將左腿盡可能往後伸。

2. 當軀幹平行地板後，用力收縮臀肌和膕旁肌，讓身體回到直立的位置。

3. 重複上述步驟以完成課表安排的次數，然後換邊進行。

參與肌肉

主要

● 膕旁肌（半腱肌、半膜肌、股二頭肌）（Hamstrings (semitendinosus, semimembranosus, biceps femoris)）

● 臀中肌（Gluteus medius）

● 臀大肌（Gluteus maximus）

次要

● 腓腸肌（Gastrocnemius）

● 比目魚肌（Soleus）

● 豎脊肌（髂肋肌、最長肌、棘肌）（Erector spinae (iliocostalis, longissimus, spinalis)）

‖ 重點功能 ‖

　　單腳硬舉是一項真正的功能性訓練，能強化後鏈肌群，發展衝刺和避免大腿後側拉傷所必須的身體素質。單側鉸鏈動作讓你能在膕旁肌群進行離心超負荷，保護它免於受傷，並訓練膕旁肌和臀肌一同協調地工作，如同它們在衝刺時做為髖伸肌一樣。

六角槓硬舉
TRAP BAR DEADLIFT

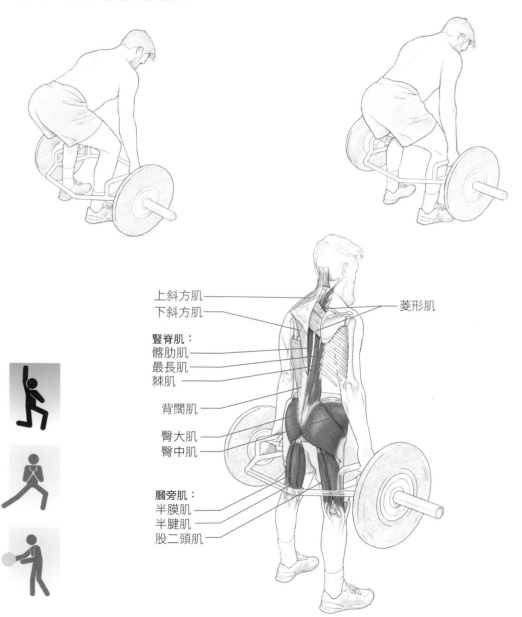

上斜方肌
下斜方肌

豎脊肌：
髂肋肌
最長肌
棘肌

背闊肌

臀大肌
臀中肌

膕旁肌：
半膜肌
半腱肌
股二頭肌

菱形肌

操作步驟

1. 站在六角槓內，雙腳與肩同寬。身體往下進行髖關節鉸鍊至槓上，同時保持脊椎平坦，雙手緊握住兩側把手。動作開始前，深吸一口氣並緊緊地支撐住你的核心。

2. 使用臀肌與膕旁肌，用力地伸展髖部。在整個運動過程中，都要保持脊椎中立。

3. 慢慢下降，讓槓輕輕碰觸地面後。重複上述步驟，完成課表安排的次數。

參與肌肉

主要

- 膕旁肌（半腱肌、半膜肌、股二頭肌）（Hamstrings (semitendinosus, semimembranosus, biceps femoris)）
- 臀大肌（Gluteus maximus）
- 臀中肌（Gluteus medius）
- 豎脊肌（髂肋肌、最長肌、棘肌）（Erector spinae (iliocostalis, longissimus, spinalis)）

次要

- 股外側肌（Vastus lateralis）
- 股內側肌（Vastus medialis）
- 股直肌（Rectus femoris）
- 背闊肌（Latissimus dorsi）
- 菱形肌（Rhomboids）
- 上下斜方肌（Upper and lower trapezius）

髖
主
導

‖ 重點功能 ‖

六角槓硬舉在功能性運動表現的課表中，應該被當作主要的雙邊髖主導舉重訓練，因為它能夠進行高負重訓練，是發展全身肌力與後鏈肌群肌肥大很珍貴的工具。六角槓硬舉的訓練模式，能轉換成場上的雙邊跳躍。與傳統直槓相比，使用六角槓訓練較容易指導學習，也可降低使用直槓時可能發生的錯誤和受傷風險。

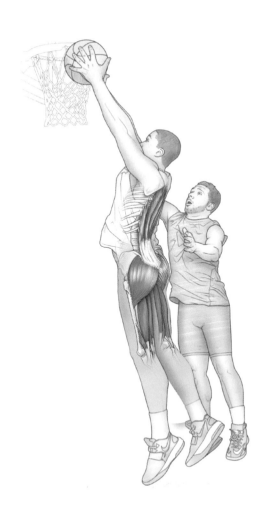

仰臥滑盤勾腿
SLIDING LEG CURL

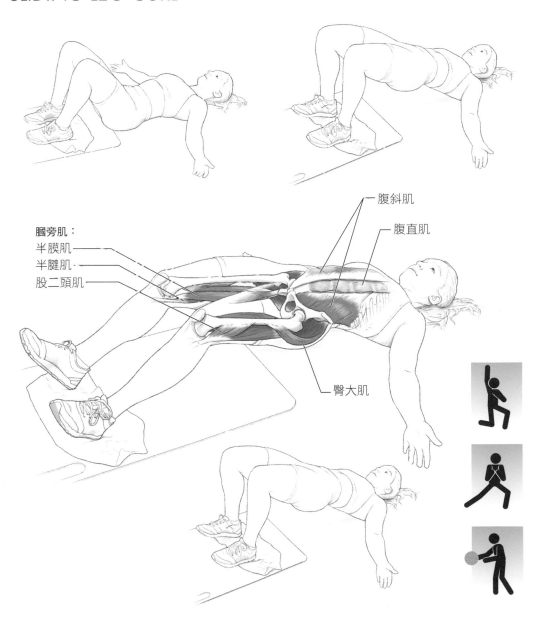

膕旁肌：
半膜肌
半腱肌
股二頭肌

臀大肌

腹斜肌

腹直肌

髖
主
導

操作步驟

1. 身體仰臥，膝蓋彎曲且髖部屈曲，腳跟著地，腳趾和腳踝向上背屈。你可以在草皮上使用塑膠滑板進行訓練，或是在訓練墊或木頭地板上使用毛巾，讓腳可以順利滑動。

2. 髖部向上推直到它完全伸展，膝蓋至肩膀會形成一條直線。慢慢地伸展膝蓋，滑動腳部使其遠離身體，同時要維持髖部完全伸展。

3. 一旦膝蓋完全伸展，彎曲膝蓋來反轉腳部滑動方向，使其慢慢靠近身體，同時推動臀部向上，直到回到原來的位置。

4. 在整個訓練過程中，腹部肌肉要支撐住且髖部要完全伸展。重複上述步驟，完成課表安排的次數。

參與肌肉

主要

- 臀大肌（Gluteus maximus）
- 膕旁肌（半腱肌、半膜肌、股二頭肌）（Hamstrings (semitendinosus, semimembranosus, biceps femoris)）
- 腹斜肌（Obliques）

次要

- 豎脊肌（髂肋肌、最長肌、棘肌）（Erector spinae (iliocostalis, longissimus, spinalis)）
- 腹直肌（Rectus abdominis）

‖ 重點功能 ‖

　　仰臥滑盤勾腿會同時訓練膕旁肌、臀肌跟腹斜肌，這三個肌肉會在衝刺時共同發揮功用。膕旁肌、臀肌和腹斜肌的功能存在微妙的平衡，是衝刺時的最佳狀況。膕旁肌和腹斜肌應該共同活化來控制骨盆的位置，而膕旁肌和臀肌也會共同活化來進行髖伸展。在最佳情況下，各個肌群會共同分擔這些工作來完成步態週期。然而，臀肌與腹斜肌如果不能發揮正常功用，膕旁肌就會負擔過重，然後導致膕旁肌拉傷。

　　這項運動訓練你運用腹斜肌保持骨盆位置對齊，同時伸展髖關節與臀肌，並對膕旁肌施加離心壓力。

☞ 變化式

肩抬高式單腳橋式
Shoulder Elevated Single-Leg Hip Bridge

　　坐在地上，背靠著重訓椅。肩胛骨的位置要在椅子上方。讓兩邊的髖部屈曲，腳跟踩在地上且腳踝向上背屈。右腳抬離地板，右膝盡可能向身體彎曲。左邊腳跟推向地板，用力伸展左邊髖部直到軀幹平行地面，讓膝蓋至肩膀呈一直線。透過前核心保持張力，防止脊椎過度伸展。慢慢朝地板降低身體，直到右腳碰觸地面。重複上述步驟完成課表安排的次數，然後換邊進行。

第8章

核心與旋轉肌力動作

CORE AND ROTATIONAL STRENGTH MOVEMENTS

在健身與肌力訓練的主流世界裡，「核心肌力」通常會讓人聯想到六塊肌。雖然擁有腹肌是件讓人賞心悅目的事，但其實這跟一個人的營養習慣比較相關，而跟核心肌肉是否能有效發揮功用無關。如同我們在健美看到的，肌肉的外觀跟它能否在運動場上轉換成有目的的功能無關。功能性核心肌力的定義，是支撐與抵抗外來的力量、在上下肢之間傳遞力量以及控制脊椎的動作。

定義核心

當人們在討論腹肌的訓練時，你常會聽到「核心」這個字，但你很少看到核心的定義，以及它分解成哪些部分。如果你想要有效地訓練核心，在訓練過程中應該花時間確認並且準確地定義你所設定目標的那些肌肉。

核心肌群可以分解成以下這些肌肉：

- 腹直肌（Rectus abdominis）
- 腹內斜肌和腹外斜肌（Internal and external obliques）
- 腹橫肌（Transversus abdominis）
- 多裂肌（Multifidus）
- 腰方肌（Quadratus lumborum）

- 豎脊肌（髂肋肌、最長肌、棘肌）（Erector spinae (iliocostalis, longissimus, spinalis)）
- 橫隔膜（Diaphragm）

　　這些肌肉對於核心肌力與核心穩定度皆有貢獻，完整的功能性訓練課表應該包含它們的訓練項目。

「抗」核心訓練

　　經典的核心訓練方法通常是捲腹或俄羅斯扭轉這些動作，它們的重點在於使用核心肌肉環繞著脊柱產生動作。這些訓練方法雖然廣泛地被使用，且能有效地讓核心肌肉產生疲勞，但以功能性訓練課表的情況來說，這其實是被誤導的。

　　以功能來說，核心肌肉應該具穩定功用，或者說，它是抗運動的肌肉。若跟人體動作或運動相關，它們的目的是支撐脊椎，抵抗不必要的運動並協助上下肢之間的力量傳遞。

　　核心肌肉主要功用是控制等長和離心動作，而非產生動態或向心動作。

　　為了確保選擇的運動是有效的，在本章中運動會根據它們所阻止的動作（而非它們產生的動作）來分類：抗伸展和抗屈曲運動所訓練的肌肉，是控制脊椎、胸腔與骨盆在矢狀面的動作；抗旋轉運動所訓練的肌肉是控制脊椎、胸腔與骨盆在水平面的動作；抗側向屈曲運動所訓練的肌肉是控制脊椎、胸腔與骨盆在額狀面的動作。

棒式
FRONT PLANK

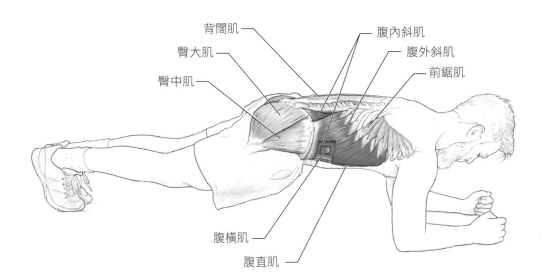

背闊肌

臀大肌

臀中肌

腹內斜肌

腹外斜肌

前鋸肌

腹橫肌

腹直肌

抗伸展

操作步驟

1. 身體呈俯臥姿勢，手肘在肩膀下方，前臂與拳頭貼地。雙腿併攏，臀部收緊，骨盆後傾，並且讓肋骨下沉。

2. 雙腿和臀部抬離地面，如此一來，你的身體會只靠前臂與雙腳支撐。腹部保持張力，且讓骶骨、胸椎和後腦勺呈一直線對齊。

3. 在整個訓練的過程中，積極地用鼻子吸氣，嘴巴吐氣，來促進腹部活動。維持該姿勢完成直到課表安排的時間結束。

參與肌肉

主要

- 腹直肌（Rectus abdominis）
- 腹外斜肌（External oblique）
- 腹內斜肌（Internal oblique）
- 腹橫肌（Transversus abdominis）

次要

- 背闊肌（Latissimus dorsi）
- 前鋸肌（Serratus anterior）
- 臀大肌（Gluteus maximus）
- 臀中肌（Gluteus medius）

‖ 重點功能 ‖

　　脊椎、骨盆與胸腔在矢狀面的控制，是保持脊椎健康以及上下肢之間有效率地傳遞力量的基礎。腹斜肌和腹直肌的位置能讓肋骨下沉與骨盆後傾，有助於維持對腹內壓最好的位置。維持理想的核心與骨盆位置能減輕椎間盤的剪切力，並且在運動中提供上下肢力量傳遞一個穩定的交叉點。棒式應該是用來訓練抗伸展肌肉，以及教導運動員如何保持最佳矢狀面位置的第一個動作。

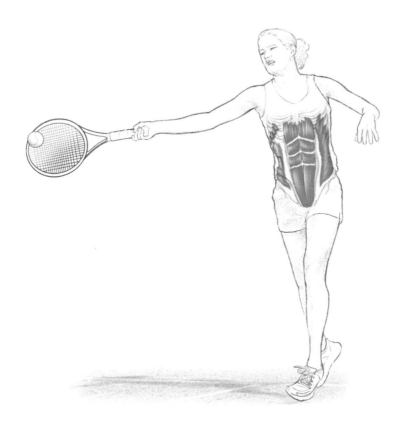

抗
伸
展

抗力球推出
BALL ROLLOUT

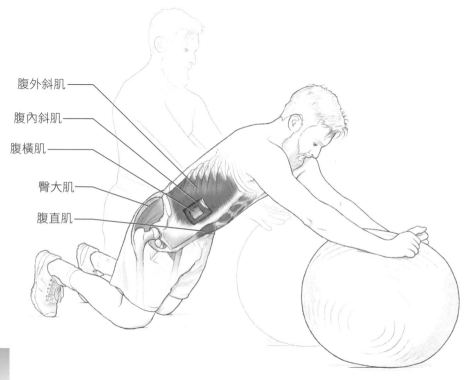

腹外斜肌

腹內斜肌

腹橫肌

臀大肌

腹直肌

1. 身體呈高跪姿，腳踝背屈且腳趾頭像是插入地面。手肘伸直，手臂向前伸，放在抗力球上方。

2. 骨盆後傾且肋骨下沉。前腹壁（腹外斜肌、腹內斜肌、腹橫肌）保持張力。

3. 體重向前轉移至手上，把球往前推動。前腹壁保持張力，且讓頭部、胸椎和骶骨呈一直線。

4. 球往前滾動至手臂一半才停止，然後再反向回到原來的位置。重複上述步驟，以完成課表安排的次數。

主要

- 腹外斜肌（External oblique）
- 腹內斜肌（Internal oblique）
- 腹直肌（Rectus abdominis）

次要

- 背闊肌（Latissimus dorsi）
- 前鋸肌（Serratus anterior）
- 腹橫肌（Transversus abdominis）
- 臀大肌（Gluteus maximus）

抗
伸
展

‖ 重點功能 ‖

　　當你熟悉棒式後，抗力球推出可做為抗伸展的進階動作。比起棒式，抗力球推出會更有挑戰性，因為這項運動的動態特性，施加在脊椎、骨盆與胸腔的伸展力提高了。抗力球推出的動態特性，迫使你要抵抗伸展，並在伸展力增加的同時，要維持軀幹的姿勢，就像我們在運動中會面臨到的狀況一樣。

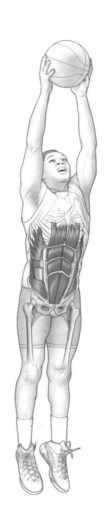

棒子死蟲式
STICK DEAD BUG

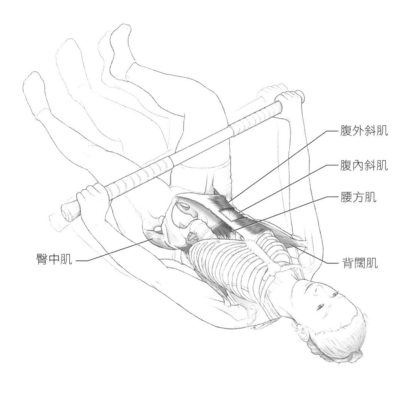

腹外斜肌

腹內斜肌

腰方肌

背闊肌

臀中肌

抗
伸
展

操作步驟

1. 身體仰臥，兩側髖部盡可能屈曲且膝蓋彎曲。雙手握棒子，往大腿按壓，同時主動雙腿回壓棒子。在整個訓練過程中，保持下背緊貼在地面上。

2. 一隻腿向外伸直，同時用力吐氣，肋骨下沉。停在距離地面2.5公分高的位置上，然後吸氣，腳回到原來的位置。

3. 換邊進行，兩側交替進行已完成課表安排的次數。

參與肌肉

主要

- 腹直肌（Rectus abdominis）
- 腹內斜肌（Internal oblique）
- 腹外斜肌（External oblique）
- 腰方肌（Quadratus lumborum）

次要

- 腹橫肌（Transverse abdominis）
- 臀中肌（Gluteus medius）
- 背闊肌（Latissimus dorsi）

‖ 重點功能 ‖

　　棒子死蟲式是基本的抗伸展核心訓練，用來發展胸腔與骨盆在矢狀面的控制。在這個訓練中，當你伸展腿的時候，會在脊椎和骨盆上增加伸展的力量，因此需要你在前核心肌群產生張力來防止脊椎與骨盆伸展。這跟運動員在短跑衝刺時，為維持正確的跑步姿勢需要處理的力量是一樣的。

抗
旋
轉

站姿抗旋轉外推
ANTI-ROTATION PRESS-OUT

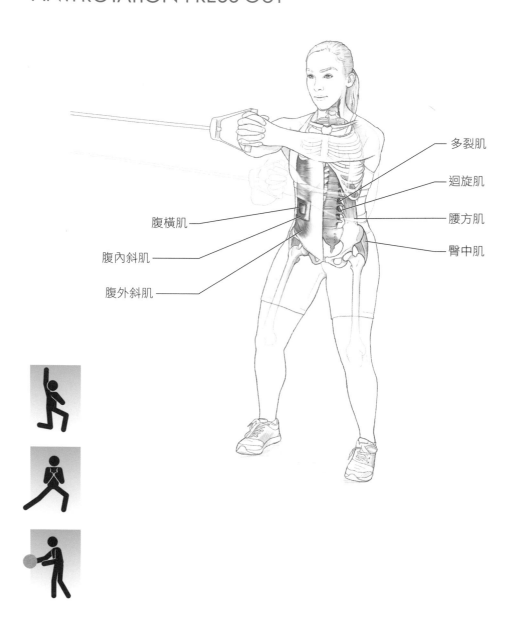

多裂肌

迴旋肌

腰方肌

臀中肌

腹橫肌

腹內斜肌

腹外斜肌

1. 站在滑輪機前，雙腳與肩同寬，膝蓋微彎。兩手上下交疊，握住滑輪機把手，高度約在胸口位置。

2. 伸展雙臂，將把手向前推出去。抵抗滑輪帶子的水平拉力，前核心收緊撐住。

3. 讓把手回到胸前原來的位置。重複上述步驟，完成課表安排的次數。

主要

- 腹外斜肌（External oblique）
- 腹內斜肌（Internal oblique）
- 多裂肌（Multifidus）
- 迴旋肌（Rotatores）
- 腹橫肌（Transversus abdominis）

次要

- 臀中肌（Gluteus medius）
- 腰方肌（Quadratus lumborum）

抗
伸
展

‖ 重點功能 ‖

　　站姿抗旋轉外推是一項等長旋轉訓練。這項訓練用來發展反射性脊椎穩定肌肉（多裂肌、腹橫肌、迴旋肌）與主要活動肌肉（腹直肌、腹外斜肌和腹內斜肌）的脊椎穩定度和旋轉軀幹肌力。在旋轉活動中，核心肌肉較少用來產生動作，它的功用通常是把力量自下半身傳遞到上半身。支撐核心與控制軀幹旋轉的能力，能讓你在投擲、拳擊、揮棒與擺動等活動中，有效地把力量自下半身傳遞至上半身。

單跪姿滑輪斜向推
HALF-KNEELING CABLE LIFT

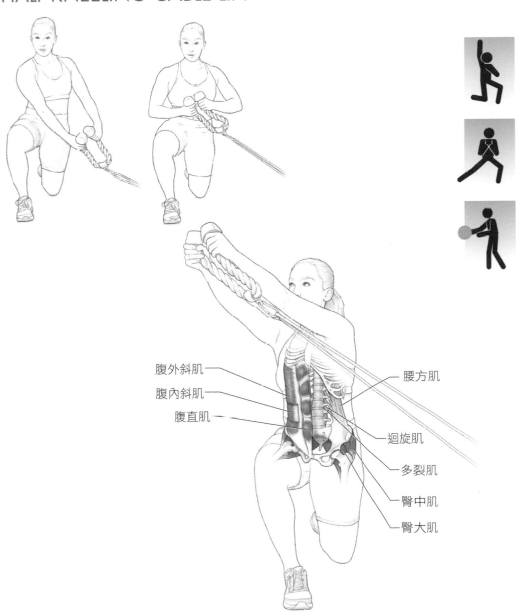

腹外斜肌

腹內斜肌

腹直肌

腰方肌

迴旋肌

多裂肌

臀中肌

臀大肌

抗屈曲、抗旋轉、抗側屈

操作步驟

1. 身體呈單跪姿，滑輪機或彈力帶位於腳跪著的那一側。在跪著的那側，腳踝背屈，腳趾像是插入地面。雙手握住彈力帶或滑輪機的把手，大姆指朝上，把手的位置約在下側髖部的前方。

2. 將把手往上拉至胸口。然後用力讓把手持續往上，越過身體，直到手臂完全伸展。慢慢降低把手，讓它回到一開始的位置，下降途中於胸口位置再次短暫停頓。

3. 執行課表安排的次數，然後換邊進行。

參與肌肉

主要

- 腹外斜肌（External oblique）
- 腹內斜肌（Internal oblique）
- 腹直肌（Rectus abdominis）
- 臀大肌（Gluteus maximus）
- 臀中肌（Gluteus medius）

次要

- 腰方肌（Quadratus lumborum）
- 多裂肌（Multifidus）
- 迴旋肌（Rotatores）

👉 變化式

單跪姿滑輪斜向拉
Half-Kneeling Cable Chop

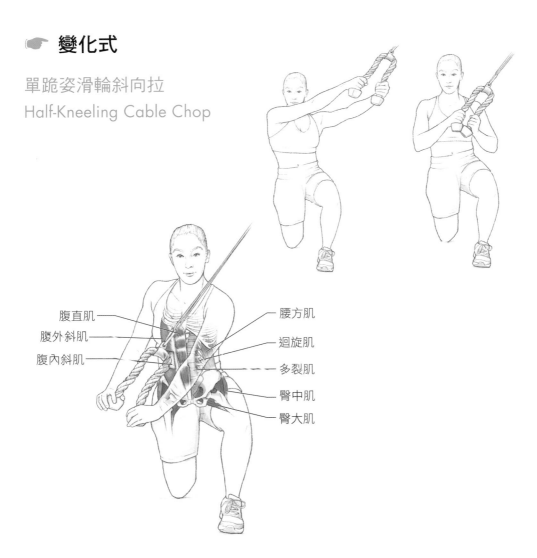

腹直肌

腹外斜肌

腹內斜肌

腰方肌

迴旋肌

多裂肌

臀中肌

臀大肌

　　身體呈單跪姿，滑輪機或彈力帶位於上側腿那邊。在跪著的那側，腳踝背屈，腳趾像是插入地面。雙手握住彈力帶或滑輪機的把手，把手位置約在內側（靠近滑輪機那側）髖部的上方。把手下拉至胸口。然後用力將把手持續下拉，越過身體，直到手臂完全伸展。將把手帶回一開始的位置，途中於胸口位置再次短暫停留。執行課表安排的次數，然後換邊進行。

抗側屈

行李箱走路
SUITCASE CARRY

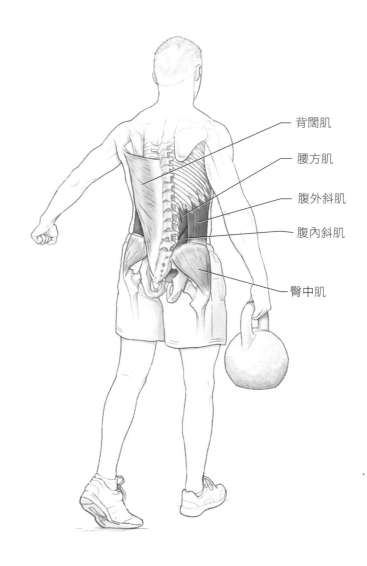

背闊肌

腰方肌

腹外斜肌

腹內斜肌

臀中肌

操作步驟

1. 挺直站立，一隻手持啞鈴或壺鈴置於側邊。

2. 緩慢行走直到完成課表安排的距離，保持挺直平均的姿勢，不向任何一邊傾斜。主動收縮持負重對側的腹斜肌來維持姿勢。

3. 走完課表安排的距離後，將負重換邊，再重複上述步驟。

參與肌肉

主要

- 腹內斜肌（Internal oblique）
- 腹外斜肌（External oblique）
- 腰方肌（Quadratus lumborum）

次要

- 臀中肌（Glutous medius）
- 背闊肌（Latissimus dorsi）

抗
側
屈

☞ 變化式

農夫走路 Farmer Carry

　　挺直站立，兩手持啞鈴或壺鈴置於身體側邊。緩慢行走至課表安排的距離，保持挺直平均的姿勢，不要傾斜、彎曲或伸展你的脊椎。在整個訓練過程中，主動收縮背闊肌、腹斜肌和腹直肌以維持直立姿勢。走完課表安排的距離後，轉身走回原來的位置。

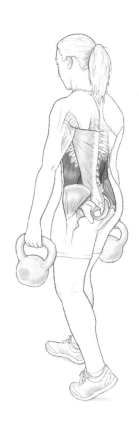

單跪姿滑輪推拉
HALF-KNEELING CABLE PUSH-PULL

背闊肌

腹外斜肌

腹內斜肌

腹直肌

腰方肌

臀中肌

抗
側
屈

操
作
步
驟

1. 呈單跪姿，身體位在前後兩個滑輪機或兩條彈力帶之間。在膝蓋著地那一側，抓住位於身後的把手，並將手腕與前臂置於肋骨側邊。膝蓋抬起的那一側，抓住前方的把手且手臂向前伸展。

2. 一手推，一手拉。同時抵抗軀幹旋轉，保持肩膀不聳肩、面向前方。

3. 重複課表安排的次數。接著手臂與腿部換邊進行上述步驟。

參
與
肌
肉

主要

- 腹內斜肌（Internal oblique）
- 腹外斜肌（External oblique）
- 腹直肌（Rectus abdominis）
- 多裂肌（Multifidus）
- 腹橫肌（Transverse abdominis）

次要

- 臀中肌（Gluteus medius）
- 腰方肌（Quadratus lumborum）
- 前三角肌（Anterior deltoid）
- 肱三頭肌（Triceps brachii）
- 背闊肌（Latissimus dorsi）

|| 重點功能 ||

　　單跪姿滑輪推拉是用來發展軀幹在矢狀面和水平面的穩定度，以及髖部在額狀面的穩定度。這項訓練重現了衝刺時緩衝的力矩和穩定度的需求。在步態週期中，為了有效地維持姿勢以及將力向下傳遞至地面，你必須穩定軀幹上的旋轉力，同時也要維持髖部和骨盆在額狀面的穩定。訓練的重點在於抵抗推拉動作造成的旋轉力，同時要保持股骨與骨盆在額狀面上堆疊於軀幹下方。

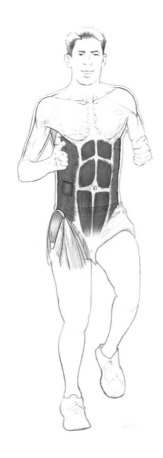

第 9 章

功能性肌力訓練課表範例

FUNCTIONAL STRENGTH TRAINING PROGRAM EXAMPLES

在設計功能性訓練課表時，我們應該考量所有的運動表現的身體壓力來源，努力建立全面且平衡的課表。跟傳統受到健美影響的課表不同，功能性訓練不會根據審美外觀來選擇訓練項目，而是基於它對運動員的健康及運動表現的影響，目的是要確保運動員身體的鍛鍊包含了所有主要的動作模式以及所有的運動平面，在身體發展上沒有任何遺漏。

一個平衡的課表應該包含本書所提到的各種類的訓練。這些訓練項目應該放入課表中，且依下列順序操作，以得到最佳訓練成果：

- 活動度
- 運動控制
- 增強式訓練與藥球訓練
- 重爆發力訓練
- 肌力訓練：上肢推、上肢拉、髖主導、膝主導、抗伸展、抗旋轉、抗側屈以及抗屈曲

課表的開始應該包含活動度訓練，像是主動伸展和旋轉關節，來提高組織的延伸性，並在高強度活動前幫關節熱身。活動度訓練的重點應該放在腳踝、髖部、胸椎以及盂肱關節，因為這些關節常有過度僵硬的問題。

　　在活動度訓練之後，下一組訓練應該是動作控制跟動作熱身準備。動作控制的目的是為了活化局部穩定肌肉組織，以提高神經效率和動作品質。

　　充分熱身後，你就可以開始高強度的訓練活動，像是增強式訓練和藥球訓練。在課表一開始尚未肌力訓練前先進行高速和高神經系統需求的動作，像是蹦跳、跳躍和投擲等，如此一來，你才不會在進行它們時已經精疲力竭。

　　完成增強式訓練與藥球訓練後，你應該前往重訓室進行重爆發力和肌力訓練。指導原則和增強式訓練與藥球訓練相似；在肌力訓練前，你應該先進行高神經系統需求的高爆發力訓練，像是懸垂式上搏和壺鈴擺盪。上搏、壺鈴擺盪、抓舉以及推雪橇這些訓練動作，應該安排在深蹲和硬舉之前，這能確保你能以高速進行上述這些爆發力訓練，但又不會過度疲勞。

　　在整個訓練課表中均勻分布所有的動作模式非常重要。每個訓練日中以下每個類別的訓練都應該各包含至少一項：膝主導、髖主導、推、拉以及核心。以這種方式分配與選擇訓練項目，能確保你均勻發展全身。訓練內容的選擇，可以簡單地分成幾個類別，如表9.1所示。

　　只要從本書收錄的訓練項目中挑選填入圖表的分類中，就能完成簡單且平衡的訓練課表，如表9.2所示。

表9.1　訓練分類

爆發力	髖主導	膝主導	上推	上拉	核心
重爆發力	雙側	雙側	水平	水平	抗伸展
輕爆發力	單側	單側	垂直	垂直	抗屈曲
					抗側屈
					抗旋轉

表 9.2 各分類的訓練項目範例

爆發力	髖主導	膝主導	上推	上拉	核心
槓鈴懸垂式上搏	六角槓硬舉	高腳杯式深蹲	伏地挺身	啞鈴划船	棒式
壺鈴擺盪	單腳硬舉	分腿蹲	臥推	正手引體向上	農夫走路
啞鈴抓舉	仰臥滑盤勾腿	單腳蹲	上斜啞鈴臥推	反手引體向上	行李箱走路
懸垂式抓舉			單跪姿壺鈴交替過頭肩推		站姿抗旋轉外推

　　為了節省時間並提高效率，你應該將訓練項目以兩兩一組或三配對組（tri-set）的方式來安排課表，也就是將兩個或三個訓練項目組合在一起，然後一個接一個交替進行。重要的是，配對或組合內的運動項目不能相互競爭，也就是說，它們的目標不是相同的動作模式或肌群。非競爭的訓練項目組成的兩兩一組或三配對組，能讓你在進行一項訓練時，同時也處在另一項訓練的恢復狀態中，如此一來，你的訓練會更有效率。

　　表9.3是一個兩日的功能性訓練課表的程序範例。請注意所有的訓練項目是如何均勻地分布在這份兩日的課表內。這兩天都有等量的髖主導、膝主導、推與拉訓練，也有核心以及重爆發力訓練。初學者應該先從這份兩日的訓練課表開始，來熟悉基本知識，然後再進階到更長的課表。

　　表9.4則是一個四天的功能性訓練課表範例。這個四天的課表是給經驗豐富的運動員使用的，他們的身體已充分發展，能夠處理增加的訓練量。你可以發現，四天的訓練能讓整體的訓練量增加，且有更多種類的訓練項目可以選擇。

表 9.3　兩日功能性訓練課表

第一日 訓練內容		

第一日 動作		
活動度	坐姿 90/90 髖外旋伸展	每邊各一分鐘
	蜘蛛人伸展	每邊各一分鐘
	髖內收前後搖擺	每邊各十次
	踝關節背屈	每邊各十次
	肩膀控制關節旋轉	每邊各十次
動作控制	仰臥彈力帶放腿	每邊各五次
	地面滑行	十次
	肘撐四足跪姿髖關節伸展	每邊各五次
	仰臥彈力帶髖屈	每邊各十次
增強式訓練與藥球訓練	A1：雙腳跨欄跳躍	三組五下
	A2：站姿藥球胸前推	三組五下
	A3：45 度向前跳躍	每邊三組五下

第一日 舉重		第一週	第二週	第三週	第四週
重爆發力	B1：槓鈴懸垂式上搏	2×5	3×5	3×5	4×3
核心抗伸展	B2：棒式	2×20 秒	3×20 秒	3×25 秒	3×30 秒
雙側膝主導	C1：高腳杯式深蹲	2×8	3×8	3×8	3×10
水平推	C2：伏地挺身	2×6	3×6	3×8	3×10
單側髖主導	D1：單腳硬舉	2×8 每邊	3×8 每邊	3×8 每邊	3×10 每邊
水平拉	D2：啞鈴划船	2×8 每邊	3×8 每邊	3×8 每邊	3×10 每邊
抗旋轉	D3：站姿抗旋轉外推	2×8 每邊	3×8 每邊	3×8 每邊	3×10 每邊

第二日 訓練內容

第二日 動作		
活動度	坐姿 90/90 髖外旋伸展	每邊各一分鐘
	蜘蛛人伸展	每邊各一分鐘
	髖內收前後搖擺	每邊各十次
	踝關節背屈	每邊各十次
	肩膀控制關節旋轉	每邊各十次
動作控制	仰臥彈力帶放腿	每邊各五次
	地面滑行	十次
	肘撐四足跪姿髖關節伸展	每邊各五次
	仰臥彈力帶髖屈	每邊各十次
增強式訓練	A1：單腳跨欄跳躍	每邊三組五下
與藥球訓練	A2：站姿藥球側拋	每邊三組五下
	A3：藥球過頭丟	三組五下

第二日 舉重		第一週	第二週	第三週	第四週
重爆發力	B1：槓鈴懸垂式上搏	2×5	3×5	3×5	4×3
核心抗伸展	B2：棒式	2×20 秒	3×20 秒	3×25 秒	3×30 秒
雙側髖主導	C1：六角槓硬舉	2×8	3×8	3×8	4×6
垂直拉	C2：反手引體向上	2×5	3×5	3×5	3×6
單側膝主導	D1：雙手持啞鈴分腿蹲	2×8 每邊	3×8 每邊	3×8 每邊	3×10 每邊
垂直推	D2：單跪姿壺鈴交替過頭肩推	2×6 每邊	3×6 每邊	3×6 每邊	3×8 每邊
抗側屈	D3：行李箱走路	2×40 碼 每邊	3×40 碼 每邊	3×40 碼 每邊	3×40 碼 每邊

表 9.4　四日功能性訓練課表

第一日 訓練內容				
第一日 動作				
活動度	坐姿 90/90 髖外旋伸展		每邊各一分鐘	
	蜘蛛人伸展		每邊各一分鐘	
	髖內收前後搖擺		每邊各十次	
	踝關節背屈		每邊各十次	
	肩膀控制關節旋轉		每邊各十次	
動作控制	仰臥彈力帶放腿		每邊各五次	
	地面滑行		十次	
	肘撐四足跪姿髖關節伸展		每邊各五次	
	仰臥彈力帶髖屈		每邊各十次	
增強式訓練	A1：雙腳跨欄跳躍		三組五下	
與藥球訓練	A2：站姿藥球胸前推		三組五下	
第一日 舉重	第一週	第二週	第三週	第四週
重爆發力　B1：槓鈴懸垂式上搏	2×5	3×5	3×5	4×3
核心抗伸展　B2：棒式	2×20 秒	3×20 秒	3×25 秒	3×30 秒
雙側膝主導　C1：高腳杯式深蹲	2×8	3×8	3×8	3×10
水平推　C2：伏地挺身	2×6	3×6	3×8	3×10
雙側髖主導　D1：仰臥滑盤勾腿	2×6	3×6	3×8	3×10
水平拉　D2：啞鈴划船	2×8 每邊	3×8 每邊	3×8 每邊	3×10 每邊
抗旋轉　D3：站姿抗旋轉外推	2×8 每邊	3×8 每邊	3×8 每邊	3×10 每邊

第二日 訓練內容

第二日 動作		
活動度	坐姿 90/90 髖外旋伸展 蜘蛛人伸展 髖內收前後搖擺 踝關節背屈 肩膀控制關節旋轉	每邊各一分鐘 每邊各一分鐘 每邊各十次 每邊各十次 每邊各十次
動作控制	仰臥彈力帶放腿 地面滑行 肘撐四足跪姿髖關節伸展 仰臥彈力帶髖屈	每邊各五次 十次 每邊各五次 每邊各十次
增強式訓練與 藥球訓練	A1：單腳跨欄跳躍 A2：站姿藥球側拋	每邊三組五下 每邊二組五下

第二日 舉重		第一週	第二週	第三週	第四週
重爆發力	B1：壺鈴擺盪	2×10	3×10	3×10	4×10
核心抗伸展	B2：棒子死蟲式	2×20 秒	3×20 秒	3×25 秒	3×30 秒
水平推	C1：槓鈴臥推	2×8	3×8	3×8	4×6
單側髖主導	C2：單腳硬舉	2×8 每邊	3×8 每邊	3×10 每邊	3×10 每邊
垂直推	D1：單跪姿壺鈴過頭肩推	2×6 每邊	3×6 每邊	3×8 每邊	3×8 每邊
單側膝主導	D2：高腳杯式側蹲	2×6 每邊	3×6 每邊	3×8 每邊	3×8 每邊
抗旋轉與 抗伸展	D3：單跪姿滑輪斜向拉	2×8 每邊	3×8 每邊	3×10 每邊	3×12 每邊

第三日 訓練內容				
第三日 動作				
活動度	坐姿 90/90 髖外旋伸展		每邊各一分鐘	
	蜘蛛人伸展		每邊各一分鐘	
	髖內收前後搖擺		每邊各十次	
	踝關節背屈		每邊各十次	
	肩膀控制關節旋轉		每邊各十次	
動作控制	仰臥彈力帶放腿		每邊各五次	
	地面滑行		十次	
	肘撐四足跪姿髖關節伸展		每邊各五次	
	仰臥彈力帶髖屈		每邊各十次	
增強式訓練	A1：45 度向前側向跳躍		每邊三組五下	
與藥球訓練	A2：衝刺起跑姿藥球胸前推		每邊三組五下	

第三日 舉重		第一週	第二週	第三週	第四週
重爆發力	B1：槓鈴懸垂式上搏	2×5	3×5	3×5	4×3
核心抗伸展	B2：棒式	2×20 秒	3×20 秒	3×25 秒	3×30 秒
雙側髖主導	C1：六角槓硬舉	2×8	3×8	3×8	4×6
垂直拉	C2：反手引體向上	2×5	3×5	3×5	3×6
單側膝主導	D1：單腳蹲	2×5 每邊	3×5 每邊	3×8 每邊	3×8 每邊
水平推	D2：伏地挺身	2×6	3×6	3×8	3×10
抗屈曲	D3：農夫走路	2×40 碼	3×40 碼	3×40 碼	3×40 碼

第四日 訓練內容

第四日 動作		
活動度	坐姿 90/90 髖外旋伸展	每邊各一分鐘
	蜘蛛人伸展	每邊各一分鐘
	髖內收前後搖擺	每邊各十次
	踝關節背屈	每邊各十次
	肩膀控制關節旋轉	每邊各十次
動作控制	仰臥彈力帶放腿	每邊各五次
	地面滑行	十次
	肘撐四足跪姿髖關節伸展	每邊各五次
	仰臥彈力帶髖屈	每邊各十次
增強式訓練與藥球訓練	A1：爆發力登階	每邊三組五下
	A2：藥球單手轉體胸前推	每邊三組五下

第四日 舉重		第一週	第二週	第三週	第四週
重爆發力	B1：壺鈴擺盪	2×10	3×10	3×10	4×10
核心抗伸展	B2：棒子死蟲式	2×20 秒	3×20 秒	3×25 秒	3×30 秒
水平推	C1：上斜啞鈴臥推	2×8	3×8	3×8	4×8
單側膝主導	C2：後腳抬高蹲	2×6 每邊	3×6 每邊	3×8 每邊	4×8 每邊
抗旋轉	D1：單跪姿滑輪推拉	2×8 每邊	3×8 每邊	3×10 每邊	3×12 每邊
單側髖主導	D2：肩抬高式單腳橋式	2×6 每邊	3×6 每邊	3×8 每邊	3×10 每邊
抗旋轉與抗伸展	D3：單跪姿滑輪斜向推	2×8 每邊	3×8 每邊	3×10 每邊	3×12 每邊

訓練項目索引
EXERCISE FINDER

運動控制與動作熱身準備

增強式訓練與藥球訓練

重爆發力訓練

上肢肌力訓練

下肢肌力訓練

核心與旋轉肌力動作

作者簡介
ABOUT THE AUTHORS

凱文・卡爾（Kevin Carr）

　　麥克波羅伊肌力與體能訓練中心（MBSC）的肌力與體能教練和經理，也是一位按摩治療師，亦是位於沃本的按摩及運動治療診所「運動即良藥」（Movement as Medicine）與「功能性肌力教練認證」（Certified Functional Strength Coach certification）的共同創辦人。他擁有麻省大學阿默斯特分校的運動機能學學士學位，以及沃特敦柯提瓦機構的按摩治療執照。

　　在MBSC工作期間，他在運動表現和個人訓練領域積累了豐富的經驗，並曾在世界各地與數以千計的教練和治療師分享有關MBSC教練系統的知識，從尋求競爭優勢的奧運選手，到希望減重、身體活動能力更佳和改善健康的一般民眾，都是他曾指導的對象。

瑪麗・凱特・菲特博士（Mary Kate Feit, PhD）

　　麻省春田學院體育、表演與運動領導學程肌力與體能助理教授。她同時還擔任校內肌力與體能副主任，負責監督研究生助理教練，他們共同為校內六百多名學生運動員提供服務。在春田學院工作之前，她在運動表現方面有廣泛的職業經驗，包括在愛荷華大學與路易斯維爾大學擔任助理教練，以及在激發潛能訓練（Reach Your Potential Training）擔任成人專案的協調員。

　　菲特擁有春田學院的應用運動科學的研究生學位，主修肌力與體能訓練，以及聖十字學院的生物學學士學位，當時她也是一級足球運動員。她對肌力與體能的熱愛，源自於麥克波羅伊肌力與體能訓練中心，她在春田學院校友麥克・波羅伊的指導下開始運動表現訓練，在MBSC花了七個夏天的時間教導運動員，同時間還完成了高中與大學學業。她通過了國家肌力與體能協會、大學肌力與體能教練協會、精準營養以及功能性運動系統的認證，並擁有功能性肌力教練認證。